AF579808

Roxane Marie Galliez est une écrivain et poétesse française, née en décembre 1973 dans le Nord de la France.
Elle a publié une cinquantaine de titres, principalement en jeunesse. Elle est traduite dans quatorze langues, primée (Prix Chronos...). Son ouvrage *La Terre s'est enrhumée* est adapté au théâtre et *Le Pêcheur d'Étoiles*, a fait l'objet d'un spectacle avec danseurs et orchestre classique.

On retrouve dans ses écrits, des mondes imaginaires, une large présence de la nature et une philosophie de vie résolument optimiste malgré des thèmes parfois délicats (le deuil, le handicap, la pauvreté, le chagrin...).

Docteur en histoire des Civilisations Anciennes, elle a travaillé sur la mythologie et la médecine en Grèce antique.

Après avoir vécu plusieurs années dans le Pacifique Sud où elle était journaliste, elle vit aujourd'hui en France, où elle se consacre à l'écriture.

Le Cycle du Pêcheur est un projet littéraire commencé en 2014 avec la parution du *Pêcheur d'étoiles*. Le récit, sous forme de contes philosophiques, veut aborder la vie de tous les personnages rencontrés, chacun dans un ouvrage particulier, à la manière d'une mythologie. Ainsi, chaque nouveau livre du *Cycle du Pêcheur* évoquera un personnage et un thème. Dans *Le Pêcheur d'étoiles*, Barbar se demandait quelle était sa place dans l'Univers. Avec ce second récit, *La danse de l'Aube*, le lecteur suit Aube dans la quête de l'amour et donc la quête d'elle-même.

La danse de l'aube

Roxane Marie Galliez

Le pêcheur d'étoiles II

ISBN: 979-10-91485-09-8

Crédit Photo : Stocksnap.io/ Åse Bjøntegård Oftedal

« C'est ainsi que les mers calmes et sans orages
peuvent d'un flot d'azur bercer le voyageur ;
Mais c'est le vent du nord, c'est le vent des naufrages
qui jette sur la rive une perle au pêcheur.»

Alfred de Musset

Pour Loup évidemment…
Merci à Fabrice pour ses patientes relectures.

1

Passé l'enthousiasme et l'espoir, Barbar n'eut finalement aucun courage pour émerveiller sa vie. Toute sa force, toute sa joie, il les tenait de la Gardienne. Loin d'elle, séparé d'elle, il n'était plus rien mais il ne le savait pas encore.

Les jours passaient, il restait sur la plage à attendre son retour.

L'aube revient toujours. Aube revient toujours ?
Mais Aube ne revint jamais.

La Gardienne avait brûlé leurs livres dans le brasier, toutes leurs histoires, tous les rires et les souvenirs. Elle avait brûlé les étreintes, les baisers, les murmures, les promesses et les secrets. Elle avait amassé tant d'amour que, pour le brûler, elle avait allumé un brasier démesuré. Ses flammes étaient si vives que, de loin, très loin, on les vit.

La plume que Barbar lui avait donnée, avait échappé au feu, elle s'était sauvée, emportée par le vent, et retourna chez elle. Le Fauconnier la vit et s'inquiéta. La plume lui raconta. Le Fauconnier prit alors le ciel et parcourut les mers. Il aperçut la tache rouge de feu tel un volcan, il crut que la braise mangeait l'océan. Il vola longtemps avant de pouvoir se poser, sans risques, sur l'île. Il y trouva une gardienne, dévorée par le soleil, brûlée profondément dans ses chairs. Toutes ses larmes avaient été bues par sa peine, il ne lui restait rien. Elle était allongée sur la grève, à demi-inconsciente ; le chagrin l'avait ravagée.

Elle avait tellement aimé et sublimé le Phénicien, qu'elle avait fini par se perdre, par se fondre en lui. Et il était parti.

Le Fauconnier la prit dans ses bras, avec une douceur qu'il ne se connaissait pas et la porta sur sa machine volante.
Ils volèrent loin, ils volèrent longtemps et, enfin, ils arrivèrent chez lui.

Le Fauconnier vivait haut perché, entre les branches d'un arbre immense, dans une cabane faite de bois, de plumes et de paille. Il déposa sur un édredon de souffles d'oiseaux sauvages, la Gardienne encore endormie, respirant à peine et presque sans vie.

Il la lava avec de l'eau de pluie et remplit son regard de rosée : il n'aurait pas supporté qu'elle ne connaisse jamais plus le bonheur des larmes versées pour rire, aimer, ou soigner ses blessures.

Elle mit du temps avant de retrouver la force de revenir à la vie. Pour le Phénicien, la Gardienne avait voulu mourir, elle ne le dit jamais, mais le Fauconnier l'avait senti et, quand elle ouvrit les yeux, la première chose qu'elle vit, fut le regard bleu océan du Fauconnier. Elle pleura alors en silence, et le Fauconnier fut heureux d'avoir déposé des larmes pour lui permettre d'apaiser son coeur endolori. Il la prit dans ses bras et, dans le silence qui le définissait, il la berça comme l'enfant qu'elle était restée.

2

— Te souviens-tu de moi ?

La Gardienne ne répondit pas. Il soupira.

— Moi j'ai souvent rêvé de toi.

A l'époque de la grêle et du vent, lorsque la Gardienne était une enfant, le Fauconnier l'avait trouvée, abandonnée, sous un saule pleurant. Elle était assise sur la mousse et attendait patiemment, certaine que l'on viendrait la chercher. Elle ne s'était pas trompée. Quand le Fauconnier, jeune alors mais déjà silencieux, avait croisé ses yeux, il lui tendit simplement la main, elle la saisit et le suivit. La Gardienne oublia son histoire avant sa rencontre avec le Fauconnier, et lui commença à vivre quand il la rencontra.

Ils vécurent ensemble des années dans une tendresse et un amour aussi évident que rassurant. Il la regardait grandir, s'émerveiller, rire, chanter, danser, écrire. Et, en la regardant vivre, il vivait. Son bonheur à lui, dépendait totalement de sa joie à elle et il ne mesurait pas la lourde responsabilité qu'il lui confiait sans le vouloir : elle était tout pour lui, elle devenait sa vie.
Dans le silence de son amour pour elle, il ne lui donna pas simplement une plume, il lui en offrit des bouquets. Il lui donna des plumes pour la réchauffer, des plumes pour l'habiller, des plumes pour la couver, des plumes pour couvrir d'encre ses cahiers. Ce trésor permit à la Gardienne de se construire des ailes, superbes et fidèles.
Un jour, elle s'était envolée.

Le Fauconnier souffrit de son départ mais il ne fit rien pour la retenir, rien pour la rechercher, il comprenait qu'elle devait d'abord se trouver elle-même avant de revenir vers lui. Jamais il ne douta de son amour, ni de celui qu'il nourrissait pour elle, ni de celui qu'elle consumait pour lui. Il ne doutait pas de son retour car, s'il existe différentes amours, il n'est qu'une seule façon d'aimer : inconditionnellement, sans attente, sans rien demander.

Est-ce parce qu'elle avait manqué de mots qu'elle avait voulu s'échapper ? A ses côtés, la Gardienne était l'égale d'une reine mais le silence du Fauconnier l'oppressait. Et plus encore, et sans oser l'avouer, la Gardienne voulait être aimée comme une femme, être caressée, elle voulait faire chanter son corps et danser le désir qui brûle la peau et libère l'âme. Le Fauconnier était un refuge, un abri ; ses bras donnaient l'étreinte et le réconfort, ses lèvres étaient douceur sur un front ou une joue, mais la Gardienne restait pour lui la petite fille trouvée une nuit près d'un arbre. Le Fauconnier ne l'avait pas vu devenir femme, ou bien il s'en empêchait et, fragilisée par cette peur de grandir pour ne pas le blesser, elle se blessait elle-même avec une violence sourde qui la détruisait. Partir alors avait été pour elle la seule possibilité de vivre sans devenir un oiseau encagé.

Elle s'était envolée loin, sans savoir comment revenir sur ses pas. Elle fit quelques rencontres, elle aima le Sculpteur de vent, se risqua près du soleil, et ses ailes finirent par se détacher, dans une inconscience icarienne propre à la jeunesse. Elle s'arrêta, épuisée, sur une île. Le phare bibliothèque s'y trouvait, elle s'y installa, et Barbar s'échoua. C'est lui qui, la première fois, lui parla d'Aube, et de Gardienne. Peut-être, s'était-elle dit alors, était-elle ce que cet homme lui disait. Comme elle avait oublié sa vie avant le Fauconnier, elle oublia de nouveau son histoire passée dès qu'elle rencontra le Phénicien. Elle oublia jusqu'à son propre nom, pour être aimée de lui.

Elle avait aimé le Phénicien pour ses mots, comme elle aimait le Fauconnier malgré ses silences. Même si elle avait toujours su lire l'âme des gens qu'elle croisait, elle aimait les histoires enfouies en lui, qu'elle ressentait avant même qu'il en eût connaissance. Elle l'avait aimé pour son rire, pour cette force vive, et pour ses mains sur ses reins. Elle l'avait aimée surtout car, jamais avant lui, elle ne s'était sentie aussi joyeuse et heureuse d'être en vie. Quand il lui avait donné une plume, elle reconnut le signe du Fauconnier et, rassurée par ces deux amours, elle se métamorphosait.

Elle n'avait pas compris le départ de Barbar, elle ne l'avait pas accepté. Parce qu'elle connaissait si mal et si peu l'amour, elle crût qu'il l'avait abandonnée, elle crût que Barbar ne l'avait jamais aimée et, plus encore, elle crût avoir perdu avec ce départ, ce don d'écrire les silences qu'elle possédait. Alors elle décida de détruire cette histoire d'amour et ses souvenirs. Elle décida d'apprendre à vivre sans lui et à se construire, enfin, sachant qu'elle amorçait là l'épreuve la plus difficile, la plus nécessaire, de toute sa vie.

Que serait-elle devenue si le Fauconnier ne l'avait pas trouvée, s'il ne l'avait pas accueillie de nouveau et bercée, sans jamais rien lui demander ? Comment allait-elle vivre et tenir debout, et sourire, en sachant que tout cela et pour toujours, elle devrait le faire sans Barbar, elle devrait le faire sans lui ?

3

Sur l'île, les jours de Barbar se suivaient avec évidence et nonchalance, au rythme des marées. Il ne pouvait pas imaginer que Aube ne revienne jamais.

Il aurait aimé écrire pour sa Gardienne, mais les mots, sur le papier, ne se couchaient pas. Autrefois, des poèmes dansaient en lui ; elle était si présente, si aimante, qu'elle l'envahissait parfois, tout autant qu'il la trouvait lointaine quand elle s'enfermait. Il disait « vert » et il pensait à ses yeux, il chantait « rose » et il pensait à sa douceur et ses joues sous le soleil, il murmurait « soie », et sa peau caressait la sienne. Il se rappela alors leurs étreintes lumineuses et les seins blancs et ronds de la Gardienne qui se rebellaient sous ses doigts.

Il se rappela leurs nuits pleines où les corps serrés dansaient encore en rythme dans leur sommeil. Aube s'endormait dans ses bras, bercée, abritée par le corps solide de Barbar. Il embrassait son épaule et parlait jusqu'à ce qu'elle s'endorme. S'il se tournait, elle tournait aussi. Toujours, toute la nuit, leurs peaux se touchaient, se frôlaient, s'embrassaient, s'embrasaient. Parfois, endormie, Aube le caressait, le serrait, il la prenait alors, sans mots, et son sexe dansait contre le sien, avec le sien, dans le sien. Ils retrouvaient le sommeil après une étreinte douce et aimante, ou violente et passionnée, et jamais Barbar n'avait autant aimé la nuit, jamais Barbar n'avait autant aimé l'obscurité.

Aujourd'hui Barbar était seul. Seul sur leur île, et il ne savait pas comment joindre sa Gardienne. Il ne comprenait pas son départ, son absence. Il aurait voulu qu'elle comprenne qu'il avait d'autres devoirs, d'autres obligations. Ce qu'il ne comprenait pas, Barbar le Phénicien, c'est que sa Gardienne pouvait patienter mais pas l'attendre. L'attente est un espoir, un « peut-être » qui ne viendra pas forcément, quand la patience est l'art d'attendre le bon moment. Barbar était certes un pêcheur de temps mais il n'avait pas mesuré cela et, le bon moment, il l'avait dépassé. Comme il est un temps pour les moissons et un autre pour les graines en bourgeon, il avait manqué la récolte et il devait attendre un nouveau cycle pour retrouver cet instant, un nouveau printemps. Mais quand viendrait ce temps ? Sa vie d'Homme serait-elle suffisante ? Et surtout, Aube serait-elle prête à revenir, un jour, féconder le champ ?

Dans son orgueil, Barbar, en partant, n'avait pas demandé l'avis de la Gardienne, il ne lui avait pas demandé son accord : il lui avait imposé son départ, il lui avait imposé l'attente et il était parti. Plus encore : il avait alors choisi d'autres priorités. Aube avait-elle jamais été sa priorité ? Lui avait-il écrit, autant qu'elle le faisait ? L'avait-il entouré de suffisamment d'amour pour qu'elle se sente en sécurité ? Avait-il mesuré la chance d'être ainsi aimé ? Il agissait comme si c'était une évidence, avec un orgueil qui l'avait perdu. Barbar avait seulement dit qu'il partait et la douleur de la Gardienne n'y avait rien changé. Pour une femme qui ne l'aimait pas, qu'il ne connaissait pas, pour lui donner une étoile déjà perdue, il avait blessé Aube, sans mesurer les dommages. Parfois, les Hommes reçoivent un joyau, et le cadeau est si précieux qu'il ne savent pas faire autre chose que l'enfermer. Ils pensent qu'ils doivent le polir, le sertir, le transformer. Mais un joyau n'a besoin que de lumière, de lumière et être caressé, pour briller davantage encore sous les cascades du soleil. Barbar n'avait pas vu le joyau, ou bien il a eu peur de le perdre. Il faisait partie de ceux qui préfèrent fuir le bonheur, avant que ce dernier ne s'échappe. Il faisait partie de ceux qui préfèrent vivre dans l'ombre parce que la lumière les aveugle. Parce que cette lumière les éblouit tellement qu'ils craignent de ne plus réussir à vivre, si un jour elle devait s'éteindre.

Barbar avait gardé l'habitude de se lever à l'aube. Il guettait l'horizon et longeait les côtes de son île. Ce n'est que le vingt-huitième jour que Barbar se rendit compte que l'île avait rétrécit…

Aux premiers jours, le soleil était derrière le grand arbre quand il venait de faire le tour. A présent, il en était bien éloigné. Il lui fallut encore vingt-huit autres jours pour le vérifier et en être convaincu. Et durant ce temps, l'île avait continué de rétrécir, elle rétrécissait chaque jour. Et Barbar était de plus en plus à l'étroit sur cette île, cette île où sa gardienne n'était pas.

4

Elle ne chantait plus.

Le Fauconnier le remarqua immédiatement. Aube ne chantait plus. Autrefois, triste ou gaie, la musique, les notes, l'accompagnaient, l'habillaient, la consolaient. Aujourd'hui Aube était en silence, comme lui. Mais ce n'était pas le même silence, c'était un silence effrayant, noyé de larmes et de chagrin. Pour la consoler, le Fauconnier lui envoyait des oiseaux, des oiseaux joyeux du matin, des oiseaux rassurants de nuit, des mésanges, des rossignols, pour lui apprendre leur chant.

Alors, à force de tendresse et de patience, peu à peu, Aube recommença à sourire. Un jour, elle souhaita même parler et, contre toute attente, ce fut le Fauconnier qui lui demanda de ne pas le faire. Il la connaissait trop bien pour ne pas savoir les mots qui naissaient en elle. Il savait qu'elle avait besoin de raconter, de se confier. Il savait qu'il y avait un autre amour dans la vie de Aube et cela, le Fauconnier ne pouvait pas l'entendre. Dire les mots, dire la vérité, c'était ancrer dans le réel une pensée, et le Fauconnier n'était pas prêt à écouter Aube lui dire qu'elle aimait un autre homme que lui. Alors il continua de ne rien dire, il continua de l'écraser de son silence et elle s'emmura dans le sien.

Tant d'amour, tant d'amour pourtant dans ce lancinant silence. Maladroit, le Fauconnier l'étouffait pour mieux les protéger. Il déposait près d'elle de nombreux oiseaux, toujours différents. Il pensait que, peut-être, leurs chants apprendraient à Aube, une autre musique.
Mais Aube apprenait le silence.

Elle avait si peur de blesser encore le Fauconnier qu'elle préféra enfermer toutes ses histoires en elle, et l'amour qui la consumait devint feu qui l'épuisait.
Les mots non-prononcés se gangrénaient en elle et l'étouffaient, la détruisaient.

Face à lui, pour ne pas le chagriner, elle faisait semblant de sourire, mais ce sourire lui coûtait des larmes de sang qui déchirait l'intérieur de son corps, dans un murmure sourd et lancinant. Elle devait taire aussi ses souvenirs, ses rires, sa vie, face au Fauconnier si austère et sombre. Dans sa sagesse, elle savait qu'elle ne pourrait pas continuer à vivre ainsi. Dans sa folie, elle se figeait de peur de quitter à nouveau ce nid si sécurisant et elle tremblait de souffrance.

Ce fut le Fauconnier, une fois encore, qui comprit, dans l'immensité de son amour pour elle, qu'elle devait s'envoler pour retrouver la danse de son coeur. Il lui offrit des ailes encore plus grandes, encore plus solides et lui promit de rester là, à l'attendre sans l'attendre, sans impatience, sans contrepartie. Même si elle ne devait revenir jamais.

— Je voudrais que tu laisses mes oiseaux t'accompagner. Ils veilleront sur toi, ils viendront me dire si tu vas bien ou si tu es en danger. Permets-moi seulement d'être rassuré.

— Je ne vais pas repartir, je ne peux pas t'abandonner encore.

— Un départ, ce n'est pas un abandon. Pars c'est

nécessaire pour toi aujourd'hui.
— Je reviendrai, je te promets !
— Ne promets pas. Il est des promesses trop importantes pour pouvoir les prononcer. Je ne demande qu'une chose : que ton coeur batte à son propre rythme et trouve sa musique. Je suis si désolé de ne pouvoir répondre à ton chant. De tous les oiseaux que j'ai croisé dans ma vie, tu es unique et je n'ai jamais appris ton langage. Je vois bien que tu perds tes couleurs à mes côtés.

Il n'osa pas lui dire qu'il espérait son retour, il n'osa pas lui dire qu'il rêvait sa place à ses côtés pour l'éternité. Il ne lui dit pas parce qu'il la voyait trembler et hésiter à partir, et il l'aimait trop pour l'emprisonner.

— Pars s'il te plaît…
— Fauconnier, j'ai juste besoin de me trouver, de grandir, de me construire, je ne veux pas fuir.
— Pars s'il te plaît, ne m'oblige pas à demander ton départ.
— …
— S'il te plaît, ne m'oblige pas à te chasser.

Alors Aube serra son Fauconnier si fort dans ses bras au point de l'étouffer. Elle tremblait mais souriait. Puis elle s'envola, sans se retourner, accompagnée d'une nuée d'oiseaux colorés, de mésanges, de chardonnerets.

Et le Fauconnier s'autorisa enfin, à se laisser pleurer.

5

Seule.
Seule.
Merveilleuse solitude.
Eblouissante solitude.
Aube était grisée de liberté et elle ne savait qu'en faire, elle ne savait pas où aller.

Etonnamment, l'envol amorcé, la peur l'avait quittée. Elle goûtait ses ailes nouvelles et ses compagnons colorés étaient si libres eux-mêmes que jamais elle ne ressentit réellement leur présence. Ils étaient à ses côtés, partaient, revenaient, ils étaient du voyage sans l'être tout à fait puisque le ciel finalement est leur compagnon depuis le début du monde. Ils n'appartiennent à personne, personne ne leur appartient, les oiseaux sont si libres et si légers que le vent suffit à les porter.

Merveilleuse solitude, éblouissante solitude et nouvelle solitude que Barbar venait hanter de son absence. Chaque instant lui était consacré. Elle pensait à lui, murmurait son nom, elle se demandait où il était, ce qu'il faisait, ce qu'il ressentait. Mais elle n'écrivait plus.

Ecrire l'histoire de son Phénicien la liait tellement à lui qu'elle en souffrait. Elle essaya pourtant, elle sortit un jour un de ses cahiers, commença à tracer son nom puis, de fureur, elle le déchira et sanglota. C'est alors qu'un vent léger, une bise, vint sécher ses joues.
Elle connaissait cette chaleur discrète, ce frisson…
Une autre bise, son autre joue.

Puis une bourrasque joyeuse dans les feuilles du vieux tilleul à ses côtés. Les oiseaux pépiaient de bonheur et leurs ailes glissaient sur le vent amusé. Aube se releva, caressa sa joue en souriant, et repris son envol. Durant quelques instants, elle avait oublié de penser à Barbar.

Elle ne savait pas vraiment où aller, où se rendre. Mais elle aimait prendre ses grandes ailes et survoler les villages, les clairières. Elle aimait voguer sans but, sans peur, sans attente. Les oiseaux accomplissaient leur office et ils partaient régulièrement et revenaient tout aussi régulièrement pour rassurer le Fauconnier au sujet de la belle envolée.

A l'aube du troisième jour, la bise revint sur les joues de Aube. La bise la réveilla et un souffle chaud parcourut tout son corps. Aube n'était plus seule. Barbar occupait déjà un peu moins, juste un peu moins son esprit, et elle aimait cette chaleur familière qui glissait sur sa peau, ce vent qui chantait dans ses cheveux.

Le Sculpteur de vent était de retour.

Il ne se montrait pas, il soufflait autour de Aube, et sa puissante présence réveillait en elle, des souvenirs à peine oubliés.

Avant Barbar et juste après le Fauconnier, Aube avait aimé. Mais était-ce un véritable amour ? Le Fauconnier aimait Aube comme une enfant, Barbar l'aimait comme une femme, mais le

Sculpteur de vent lui, aimait Aube comme un rêve, passionnément. Cet amour aussi démesuré que renversant, Aube avait pu s'en défaire une première fois, effrayée par ce Sculpteur de vent chaud ou de vent froid, qui la laissait brûlante ou désespérée de glace, quand il quittait la place.

La passion ne s'oublie pas, c'est un tatouage, une couleur à l'intérieur de soi. Le Sculpteur de vent était de retour et il était prêt à tout pour regagner le coeur de Aube. Elle avançait pourtant, elle continuait de voler, de s'éloigner du Fauconnier, de Barbar et, plus elle volait, plus elle regardait les nuages sculptés par le vent, plus elle écoutait son chant, et moins elle souffrait de Barbar. Comme si un amour suffisait pour en remplacer un autre, comme si tout ce que souhaitait Aube c'était remplir son esprit pour ne pas souffrir, pour ne pas penser, pour ne pas réellement vivre, en réalité…

Le Sculpteur de vent ne se montrait toujours pas, mais il était là, il chantait pour Aube comme un troubadour de l'éther, ses souffles portaient son corps dans le ciel, caressaient ses plumes longues, tressaient ses cheveux en riant. Et Aube oubliait Barbar, Aube oubliait le Fauconnier, Aube oubliait combien le vent chaud pouvait aussi la briser.

Elle volait, insouciante, quand un trou d'air menaça de la jeter au sol. Elle battait des ailes. Ses compagnons colorés, affolés, tentaient de la soutenir, de leurs becs, de leurs fragiles ailes. L'un d'eux vola aussi vite qu'il le put vers le Fauconnier. Les oiseaux relayaient l'alerte pour qu'elle arrive plus vite au Fauconnier. Aube tombait à une vitesse vertigineuse. Déjà elle pouvait apercevoir le désert qui allait l'accueillir, le désert de sable où elle allait s'écraser et mourir, sans avoir pu, une dernière fois, serrer dans ses bras son plus pur amour, son Fauconnier, sans avoir pu dire à Barbar qu'elle lui avait pardonné.

Aube tombait, désespérée, résignée, et le sol n'était plus qu'à deux regards de ses bras. Elle s'accrocha avec désarroi à ses grandes ailes que le vent lui arracha avec violence. Elle les vit tomber sur le sable et, comme nue sans elles, elle s'apprêtait à se coucher sur elles, une dernière fois.

Mais le Sculpteur de vent la rattrapa.
Avant même de toucher le sol, elle fut recueillit

par les bras solides du Sculpteur de vent. Ses yeux verts à elle plongèrent dans ses yeux nuit à lui. Elle fut happée, bouleversée, hypnotisée. Ses cheveux bruns et souples, sa haute stature, son visage éternellement adolescent, sa bouche… et ses mains, ses bras, qui la tenaient solidement. Ils n'avaient rien besoin de se dire. Ils se souvinrent, se sourirent. Ils s'embrassèrent avec fougue et feu, la foudre les consumait et les liait l'un à l'autre comme s'ils étaient les derniers habitants du monde. Et Aube suivit le Sculpteur de vent, laissant là ses ailes, sa liberté, pour s'enchaîner, consentante, à cette passion qu'elle avait fuie pour mieux la retrouver.

— Ma dame lointaine, mon amour, tu m'as tellement manqué…

Aube aurait dû lui demander de se taire, elle aurait dû s'échapper. Elle en était incapable. Elle savait qu'après la fusion et la démesure, le choc du retour à la réalité serait terrifiant, mais elle ne pouvait détacher ses lèvres du Sculpteur de vent. Tout, elle aimait tout. Sa peau douce parsemée de tâches d'or, ses jambes longues et fines, ses lèvres qui la dessinaient par ses innombrables baisers.

Elle aimait ses mots, sa voix, son odeur, elle aimait sa chevelure comme une crinière de cheval fou. Le Sculpteur de vent l'emmena dans une grotte, profondément enfouie là où il cachait ses outres, ses amphores contenant les vents, ses trésors, et ils s'aimèrent des heures, des jours, entre rire et folie et le monde ne connut alors aucune brise, aucun souffle, durant ces instants.

*

Entre-temps, prévenu par ses oiseaux, le Fauconnier arriva sur les lieux de l'échouage. Il trouva sur le sol les ailes superbes qu'il avait donné à Aube. Poussiéreuses, ensablées, elle n'avait pas songé à les garder, elle les avait abandonnées. Aucun oiseau, pas même le corbeau, n'osa dire au Fauconnier où Aube se trouvait. Personne n'osa lui révéler qu'elle s'était enfermée avec un nouvel amour et que cette passion là risquait d'être bien plus dangereuse que tout ce qu'elle avait connu depuis lors.

Dans la grotte, elle était seule avec le Sculpteur de vent, aucun oiseau n'avait réussi à la suivre. Ils l'attendaient donc car, après le vent chaud, arrive le vent froid, toujours.

Le Fauconnier attendit quelques jours, puis il partit à la recherche de Aube, il se refusait à l'idée de la laisser seule dans ce si vaste monde, sans la protéger, sans veiller sur elle. Il emmena les ailes avec lui. Sa liberté, son envol, il en était le garant, le gardien. Aube pouvait revenir, il gardait les ailes pour qu'elle sache que, de tous les oiseaux qui émerveillaient sa vie, elle était le plus beau, le plus précieux, et le plus libre aussi.

*

— Sculpteur de vent, que suis-je pour toi ?

— Tu es tout, tu es l'Unique, tu es mon amour, tu es celle qui me maintient en vie.

— Pourtant la dernière fois tu n'as rien fait pour me retenir… pourtant la dernière fois, tu as tout fait pour me donner envie de partir.

— C'est trop fort entre nous, j'ai eu peur.

— J'avais peur aussi.

— Oui, mais toi tu es tellement plus forte que moi.

— Non Sculpteur, je suis bien plus fragile que tu le crois.

— Je savais que nous allions nous retrouver. Entre nous le lien est fort, personne ne pourra le briser.

— As-tu touché un autre corps que le mien ?
— Les autres ne comptent pas. Il n'y a que nous.

Et il l'embrassa encore et lui fit oublier le temps. Près du Sculpteur de vent, Aube réapprenait la vie. Elle put lui raconter Barbar et, si le Sculpteur de vent voulait Aube uniquement pour lui, il ne fut pas inquiet de cet amour qu'il jugeait passager.

— Il n'est pas à ta hauteur Aube, tu as besoin de démesure et de folie, il t'ennuiera, tu l'oublieras. D'ailleurs, avec moi tu l'oublies déjà n'est-ce pas ?

Aube n'avoua pas qu'avec le Sculpteur, elle oubliait tout, elle oubliait même l'essentiel : elle-même. Elle voulait même oublier qu'il y aurait une prochaine bourrasque, car le Sculpteur de vent était incapable de constance, il ne savait jouer que la turbulence. Son immense appétit d'amour lui faisait parcourir des prairies, en quête de jeunes épis de blés qu'il pourrait plier ou dévorer. Il répétait à Aube que personne d'autre qu'elle ne comptait. Il lui jurait qu'un jour, il arrêterait de façonner les vents pour ne vivre que pour elle et cela, en vérité, Aube n'en avait jamais douté. Mais, Aube n'était pas prête, elle en avait assez d'aimer chaque nouvel homme au point de s'oublier, au point de craindre toujours d'être abandonnée.

Elle ne s'était pas encore trouvée. Comment aurait-elle pu aimer un autre, si elle-même ne s'aimait pas assez ?

Cela arriva un matin d'été. La nuit avait été si lumineuse dans les bras du Sculpteur de vent, que Aube eut beaucoup de mal à préparer son départ. Mais le moment était venu. Enfin. Elle avait fini par effacer l'odeur de Barbar sur sa peau, elle avait fini par oublier ses mots. Une dernière fois elle regarda le Sculpteur de vent.

Il était endormi, si beau, si merveilleusement beau. Elle aurait voulu là, à cet instant et pour toujours, elle aurait voulu se réfugier contre lui et ne plus bouger jamais. Mais cette passion démesurée n'était pas encore ce qu'elle recherchait, il lui manquait quelque chose, il lui manquait une saveur, une douceur. Elle ne voulait plus ni se taire ni hurler, elle voulait vivre, se trouver, savoir qui elle était et sans avoir besoin d'un autre pour lui donner l'amour qui commençait, elle le sentait, à pousser en elle et à l'émanciper.

Aube embrassa la joue du Sculpteur endormi.
Une bise.

Elle ouvrit une outre de vent. Pour la première fois de leur histoire, c'est elle qui fit souffler un vent froid, glaçant. Endormi, le Sculpteur de vent frissonna, sans se douter du départ de celle qu'il adorait. Et elle sortit de la grotte, elle s'éloigna sans voir, évidemment, le fil d'or invisible attaché entre elle et lui et qui s'étirait, s'étirait, sans jamais se briser.

6

Longtemps le Fauconnier chercha Aube. Les oiseaux du monde entier relayaient le message, l'absence. Tous veillaient pour aider cet homme silencieux au regard si bleu. Il souffrait tant de ne pas avoir de nouvelles de celle qui illuminait sa vie.

Le Fauconnier n'était pas homme à écouter son ressenti, ses intuitions, pourtant, une force plus grande que lui l'incita à retourner sur l'île où Aube était Gardienne, sur l'île où il l'avait retrouvée quand Barbar l'avait abandonnée. Le Fauconnier sentait que sur cette île, Aube avait laissé quelque chose de précieux. Peut-être, pensa-t-il, ce « précieux » lui serait un indice pour retrouver la fragile aimée, seule au monde, sans ses ailes.

Il cherchait des yeux le phare, le grand phare-bibliothèque où Aube était Gardienne pour un autre, et où elle avait passé tant d'heures dans l'encre de ses papiers. Mais le phare avait disparu depuis le retour de Barbar, le phare et les quelques livres qui avaient échappé au feu.[1] L'île lui sembla plus petite, tellement petite et quand il s'y posa, il réalisa en effet que l'île n'était plus qu'un îlot, presque un enclos, une cage où il était furieux de réaliser qu'avait pu y vivre son plus bel oiseau.

Le Fauconnier, ne s'était pas trompé, Aube avait bien laissé quelque chose de précieux sur l'île. « Quelqu'un » en vérité, puisque Barbar y était revenu depuis son départ et, si le Fauconnier avait su par la plume combien Aube l'avait aimé, le Phénicien ignorait tout du lien qui unissait sa Gardienne au Fauconnier.

— Fauconnier ! Quel incroyable surprise ! Je ne pensais pas te revoir un jour. Te souviens-tu de moi ? J'étais si jeune et si sot quand nous nous sommes rencontrés. Je cherchais ma place, et tu m'as aidé à la trouver.

---

[1] Voir « Le Pêcheur d'étoiles »

Le Fauconnier, toujours si silencieux, et au regard si aiguisé, regarda Barbar. Il avait tellement vieilli. Tellement vieilli que le Fauconnier se demandait comment Aube pouvait l'aimer. Aube et lui, comme le Sculpteur de vent, le Pêcheur d'étoiles ou le Chef d'orchestre, n'étaient pas soumis à la même temporalité des Hommes. Ils étaient régis par le cycle des Rêveurs, un autre monde où les années ne s'affichent que lorsque aucun rêve ne brille, quand aucun rêve n'est poursuivi. C'est pourquoi Aube restait si jeune malgré les longues années qu'elle comptait, parce que toujours elle rêvait, c'est pourquoi le Sculpteur de vent restait en apparence un adolescent et que le Fauconnier amoureux, qui avait peut-être plus de mille ans, ne paraissait pas en avoir la moitié de cent. Mais Barbar ne savait pas rêver longtemps et les années s'étaient déposées sur lui comme un vieux manteau de pluie.

— Barbar ! Je suis Barbar, tu m'as donné une plume un jour, une plume pour me dire que je devais écrire sans doute ou que je devais m'envoler, tu te souviens ?

Le Fauconnier se souvenait de la plume. Ainsi l'orgueilleux Barbar avait crû cette plume pour lui.

Il ignorait qu'à cette époque déjà, comme aujourd'hui, Aube avait disparu et le Fauconnier dispersait des plumes, pour que Aube sache que le Fauconnier l'aimait toujours, qu'elle pouvait revenir, sa place était toujours là.

Barbar, seul depuis si longtemps sur l'île, remplissait l'air de ses paroles, il noyait le Fauconnier de mots et le Fauconnier l'écoutait lui raconter que cette plume avait servi à Barbar à apprivoiser Aube. Il n'y avait plus de livres sur l'île, et presque plus de vie en vérité. Et Barbar, n'en finissait pas d'arpenter sans fin l'îlot, dessiné par ses inutiles pas. Quand Barbar eut terminé sa logorrhée, en silence le Fauconnier sortit une plume, *la* plume, celle qui avait échappé au feu, celle qui lui avait permis de retrouver Aube, celle qu'il gardait depuis sur son coeur. Barbar, tendit les mains vers elle, surpris :

— Cette plume… Elle ressemble tellement à…
— C'est elle.

Alors le Fauconnier lui raconta. En peu de mots il sut dire l'essentiel. Il sut dire que Aube ne s'appelait ni Aube, ni Gardienne et qu'elle était toute sa vie. Il sut dire qu'elle n'avait jamais été une gardienne immobile et immuable attachée à une île. Sans doute parla-t-il bien davantage que d'ordinaire et avec beaucoup plus de colère.

— C'est un oiseau de vent, et tu l'as brisée par ta lâcheté, par ton orgueil. Tu lui as cassé les ailes à vouloir l'enfermer sur cette île trop petite pour elle, à croire qu'elle t'attendrait, à vouloir décider qui elle était, sans prendre le temps de comprendre celle qu'elle devenait. Pauvre fou que tu es, en vivant pour elle, tu te serais élevé, tu aurais appris à rêver. Tu as tout gâché. Moi je ne veux que son bonheur, j'aurais même accepté qu'elle me quitte pour toi, si seulement tu avais su, et pour toujours, protéger sa joie. Je ne peux te pardonner l'état dans lequel elle était quand je l'ai retrouvée.

Barbar restait sur la plage, interdit. Il écoutait les mots du Fauconnier qui le lacéraient comme des couteaux. Il mesurait l'importance du long silence qu'il laissa après avoir parlé. Et il se demandait : aimait-il réellement la Gardienne, ou s'aimait-il, lui, à travers ses poèmes ?

— Elle t'aime encore, je le sais. Elle essaie de

t'oublier. Tu lui dois la guérison, parce que tu l'as apprivoisée et que toute histoire doit se terminer avec respect.

Mais Barbar avait-il envie de laisser partir Aube ? Etait-il prêt à mettre un terme définitif à leur histoire ? Il aimait tant être aimée d'elle, c'était si puissant, si magique, il se sentait ainsi tellement plus important.

— Barbar, voici sept oiseaux. Chacun d'eux lui remettra une lettre et chacun d'eux pourra revenir avec une réponse, uniquement si elle le souhaite. Sept lettres, pas une de plus, pas une de moins.

— Attends Fauconnier, tu veux dire qu'elle ne me répondra peut-être pas ? Je dois continuer de lui écrire, sept fois, même si elle ne me répond pas ?

— Si tu n'as pas le courage d'écrire sept fois, même si elle ne répond pas, alors tu ne la mérites pas.

— J'écrirai. Même si elle ne répond pas, j'écrirai sept fois. Mais que se passera-t-il si elle ne répond toujours pas, une fois le dernier oiseau revenu ?

— Si tu essaies sept fois, tu montres ton opiniâtreté et ton désir de la retrouver. Si elle ne répond pas, à la septième fois, tu comprendras qu'elle te demande de sortir de sa vie pour toujours. Et tu devras l'accepter.

Le Fauconnier n'avait jamais autant parlé de toute sa vie. Une dernière fois il regarda Barbar, il se demanda si ce dernier aurait le courage, la patience, l'amour et surtout l'humilité suffisante pour écrire sept fois. Lui qui avait tellement été chanté et loué saurait-il, à son tour, rendre tout l'amour qu'il avait reçu ? Saurait-il comprendre la leçon de cette femme dans sa vie ?

— Tu dois profondément l'aimer pour agir ainsi. Tu l'aimes certainement plus que moi. Je crois que je ne la mérite pas…
— Alors permets-lui d'en être sûre pour qu'elle puisse t'oublier, sans regret.

Le Fauconnier laissa ses sept oiseaux colorés et remonta dans sa machine volante. Barbar s'approcha de lui :

— Comment s'appelle-t-elle ? Tu as dit qu'elle ne s'appelait ni Aube, ni Gardienne, comment s'appelle-t-elle ?
— « Aube », « Gardienne », ce sont les mots que tu lui as donné, toi. Je lui ai donné un nom moi aussi, autrefois, un nom sacré, qu'elle a oublié. C'est à elle à présent de se nommer. En attendant, dans tes rêves, dans tes lettres, dans ton histoire

de Pêcheur d'étoiles ou de Pêcheur de temps, tu peux encore l'appeler « Aube » ou « Gardienne ». Ce qui compte c'est qu'elle sache qui elle est. Peu importe le nom qu'un autre lui donne.

Et le Fauconnier s'envola.

7

Après avoir quitté le Sculpteur de vent, Aube traversa le long désert, où elle était tombée. Cette fois elle n'avait plus ses ailes, et ses pieds nus soulevaient la poussière. Elle savait que le désert serait long car elle ne voyait aucun horizon différent, aucun arbre, aussi loin que portait son regard. Un tout petit oiseau l'avait attendu, un oiseau minuscule qui arrivait à peine à voler, et se cachait contre son sein, à l'abri du sable et du temps. Les autres étaient partis, à la demande du Fauconnier qui leur avait demandé de sillonner le monde pour la retrouver.

Aube acceptait le désert, le long chemin à traverser et, chaque pas dans le sable tracé, l'ancrait plus profondément dans la réalité, lui permettait enfin d'habiter son corps, elle qui préférait se perdre dans son esprit. Un instant, elle songea au sable de l'île où se trouvait son phare bibliothèque, mais elle chassa très vite cette image en lui demandant de ne plus revenir.

Elle sondait son coeur, surprise de ne pas souffrir. Bien sûr, le Sculpteur de vent lui manquait, mais ils avaient tous deux beaucoup à apprendre pour transformer le feu de la passion en quelque chose de plus grand. Et bien sûr, le Fauconnier lui manquait aussi, son réconfort, ses bras, sa tendresse, cette sécurité affective qu'il lui offrait. Et puis il y avait Barbar… Barbar qu'elle avait essayé d'effacer mais qui restait encré en elle sans qu'elle comprenne pourquoi.

Elle repensait à leur histoire, aux livres qu'elle écrivait pour Barbar. Elle repensait à son ami Petrus, au Chef d'orchestre, à Baal le potier, et elle songea au Prieur. Le Prieur qui avait accueilli Barbar, comme elle l'avait accueilli sur son île. Le Prieur que Barbar avait quitté, comme il l'avait quittée elle aussi. Elle se demandait comment le Prieur parvenait à aimer un dieu sans le voir, sans l'entendre ou le toucher, elle se demandait si le

Prieur était encore en vie. Alors, depuis le début de son errance, Aube sut cette fois, où elle désirait aller, et elle n'eut besoin ni de carte, ni de boussole : connaître son but lui suffisait, et ses pas l'y menèrent. Aube alla à la rencontre du Prieur, pour apprendre l'amour qui n'attend rien en retour.

*

Il lui fallut des jours, peut-être des semaines ou des mois pour trouver le Prieur. Elle fuyait les villes et les villages, elle marchait dans les forêts, dormait sur les branches. Depuis toujours les arbres la rassurait et le Fauconnier lui avait appris, dès l'enfance, à y construire des nids. C'est donc de la hauteur d'un arbre qu'elle observa d'abord, et longtemps, le Prieur, une fois qu'elle l'eût retrouvé.

Le Prieur se levait tôt et saluait le jour naissant. Toujours seul, il lui arrivait de parler à voix haute. Il parlait à la nature, il parlait à l'un ou l'autre de ses dieux, parfois il se parlait à lui-même ou à d'invisibles personnes dont il se souvenait.

Aube n'avait pas envie d'écrire. Elle aurait pu

pourtant, en se concentrant, ressentir le Prieur, écrire, et connaître ainsi toute sa vie, comme elle l'avait fait pour Barbar. Cette fois, elle préférait écouter, sans deviner, elle préférait se laisser bercer par les mots, les silences, et elle s'endormait en écoutant le Prieur psalmodier et prier en dodelinant, les yeux fermés.

C'est une phrase qui la réveilla, un prénom :

— Tu as bien fait Barbar, évidemment. Et j'ai bien appris la leçon grâce à toi, merci.

Barbar. Elle avait entendu son prénom. Barbar… Et Aube compris qu'il était temps de descendre de son arbre pour rejoindre le Prieur.

*

Parce qu'elle avait longtemps observé le Prieur, et parce que c'était un homme de rituels, elle sut exactement où se placer pour être sur son chemin, au moment opportun. Aussi, à l'aube, la jeune femme s'installa sous un arbre et ferma à demi les yeux, dans la posture exacte que prenait le Prieur quand il priait. Aube ignorait tout de la prière, mais elle était très habile pour observer et reproduire les gestes qu'elle souhaitait.

Le Prieur s'avança sur le chemin et, de loin, elle reconnut son pas, et ne bougea pas. Il était déjà dans ses pensées et aurait presque pu ne pas la remarquer tant elle s'était installée près du feuillage qui la dissimulait autant qu'il la mettait en valeur. Elle toussa, les yeux toujours presque clos, voulant attirer l'attention sans le montrer. Elle espérait que le Prieur lui parlerait mais, contre toute attente, il ne dit rien. Il s'installa à sa place habituelle, face à la jeune fille, et commença à prier. Et le Prieur pouvait prier longtemps, très longtemps. Aube toussa encore, mais le Prieur, concentré, ne cilla pas. Elle se leva, tourna un peu autour de lui, mais il ne bougea pas. Alors, de dépit, elle s'assit de nouveau face à lui et attendit, patiemment, son retour à la réalité.

Le soleil avançait vers midi et les branchages n'allaient plus être suffisant pour les protéger de la morsure des rayons quand le Prieur ouvrit les yeux. Il regarda la jeune fille, en plongeant son regard dans le sien, et ne dit rien. Face à lui, toute proche, elle n'osa rien dire, elle ne savait que dire, alors elle utilisa le langage le plus simple du monde : elle lui sourit. Le Prieur lui rendit son sourire et se releva, puis il la prit par le bras et la mena vers son campement.

— Je me demandais, jeune sauvage, quand tu allais descendre de ton perchoir pour enfin venir me voir au lieu de m'espionner.

Aube allait protester mais, la vérité, c'était bien qu'elle guettait tous ses gestes, alors elle sourit encore, un sourire malicieux qui demandait pardon en silence et le Prieur, attendri, l'invita à partager son pain.

— Prieur, je ne suis pas ici par hasard.
— Je m'en doute Petit Oiseau, personne n'est jamais quelque part par hasard, nous sommes toujours au bon endroit, au bon moment.
— Je suis ici, parce que je veux apprendre de toi.
— Veux-tu apprendre à prier ?
— Non.
— Veux-tu apprendre la solitude ?
— Non plus.
— Vas-tu me dire, à la fin, ce que tu veux ?
— Je veux comprendre comment tu fais pour aimer un dieu sans le voir, sans l'entendre, sans le toucher…
— Est-ce vraiment cela que tu veux apprendre ?
— Oui… et aussi, je voudrais comprendre, comment tu peux savoir s'il t'aime aussi.

Le Prieur marqua un long silence et observa la jeune femme face à lui. Quel âge pouvait-elle avoir ? Ses cheveux lui tombait aux épaules, ils étaient dans un désordre naturel, comme des brindilles prêtes à devenir des nids. Comme tous ceux qui la rencontraient, il fut ébloui par la puissance et la profondeur de son regard et il sentit immédiatement qu'elle était capable de lire dans son âme.

— Tu sais ce que je vais te répondre…
— Oui. Je sais que tu vas accepter de m'apprendre, parce que tu es un homme bon, Prieur et que, si tu aimes la solitude, tu sais parfois la rompre pour partager ce que tu connais.
— Alors je vais t'apprendre ce que tu demandes, mais tu n'en seras qu'au début de ta quête car moi aussi, vois-tu, je sais lire dans les âmes.

Le nouveau sourire complice qu'ils échangèrent immédiatement scella leur amitié et Aube savoura le bonheur de cette quiétude auprès du vieil homme sage.

Aube avait appris le silence avec le Fauconnier, elle avait appris la patience avec Barbar, elle découvrit avec le Prieur le pouvoir de se reconnecter à elle-même. Le Prieur appela cela une prière, et elle, une méditation.

Tous les deux passaient des heures à méditer et prier en forêt et, en vidant ainsi son esprit, Aube parvint à laisser un peu de côté ses envahissantes pensées vers Barbar, le Fauconnier ou le Sculpteur de vent et elle souffrait un peu moins. Mais le soir, avant de s'endormir, les différents souvenirs venaient l'assaillir et elle aspirait tellement au repos.

Un jour, en fin de méditation, elle osa :
— Prieur, cela fait des semaines que je suis à tes côtés et je suis heureuse mais…
— Mais ?
— Mais tu n'as pas encore répondu à ma requête.
— Ah oui ! Je me demandais, quand tu allais me poser la question de nouveau. Alors, tu voulais savoir comment je peux aimer un dieu même sans le voir, l'entendre ou le toucher, c'est bien cela ?
— Oui et…
— Attends. Je me souviens que tu avais une seconde requête. Laisse-moi d'abord t'apprendre celle-là et peut-être que tu auras la réponse à tes deux interrogations à la fois.
Ferme les yeux.

Aube, confiante, ferma les yeux, et elle sentit le Prieur s'installer derrière elle doucement, caler sa respiration sur la sienne, et lui chuchoter à l'oreille.

— Tu es au coeur d'une douce forêt, et tu as les yeux fermés, et tu peux sentir l'énergie de la Terre et l'énergie du Ciel te contenir et te recharger. Et, peut-être, peut-être, peux-tu aussi sentir une douce colonne de lumière entrer dans ton corps, par le sol, le parcourir et sortir doucement de la couronne de ton crâne et se répandre aux êtres qui t'entourent. Le sens-tu Petit Oiseau ? Sens-tu comme tu peux facilement te connecter à ma propre lumière ?
— Oui Prieur, je le peux !

Aube gardait les yeux clos et elle était fascinée par ce qui se déroulait.

— Bien, bien, alors continuons. Visualise toujours cette lumière qui sort de toi, qui vient jouer avec moi et vois comme cette lumière n'a ni début ni fin. Cette lumière est illimitée, elle peut monter doucement, doucement, jusqu'en haut de cet arbre, et jusqu'à ce petit oiseau qui te suit souvent. Le sens-tu ?

Aube ressentait le coeur de l'oiseau battre dans le sien, elle sentait ses ailes et sa joie et la lumière qui la traversait devint jaune dorée et lui fit ressentir un plaisir immense.

— Je le sens Prieur ! Je sens l'oiseau et je sens l'arbre, et je sens le renard qui se cache dans le sous-bois, il a peur.
— Peux-tu, avec ton esprit, lui proposer de s'apaiser, lui dire que tu lui envoies de l'amour ?
— Oui, Oui ! Je le peux Prieur, et je ressens son apaisement !

La joie de la jeune femme débordait d'amour, et la colonne de lumière devint bleutée et toujours aussi pailletée d'or.

— Prieur, penses-tu que je pourrais élever ma colonne de lumière jusqu'au ciel ?
— Qu'en dis-tu ? Puisque ta colonne de lumière est illimitée, elle ne devrait avoir aucun mal à caresser les nuages.

Alors, patiemment, avec concentration, amour et joie, Aube toucha les nuages, elle ressentit la liberté des oiseaux migrateurs et chercha à s'aventurer plus loin, plus haut.

— Vois-tu Petit Oiseau, je peux, et tu peux, te connecter à tout être vivant, à toute chose, si tu l'abordes avec amour et foi. Je n'ai pas besoin de voir, d'entendre ou de toucher mon dieu, il est là. Je me connecte à lui quand je le désire, je le ressens, il est en moi. Je n'ai donc pas de manque. Et je vais te dire, avec toutes mes années passées, j'ai fini par m'apercevoir que tous mes dieux n'étaient en fait qu'un seul. J'ai passé ma vie à prier différents dieux pour espérer trouver le meilleur, celui qui avait toutes les réponses pour moi. Ces réponses que j'attendais, ce n'était pas à un dieu de me les donner, c'était à moi de les trouver. En trouvant mon dieu, je me suis trouvé moi. Et peut-être que c'est en me trouvant, qu'il a fini par exister lui aussi. Nous sommes liés.
— Mais Prieur, je ne ressens pas ton dieu moi…
— Encore un « mais ». Reste concentrée Petit Oiseau. Si tu ne trouves pas mon dieu, peut-être que ce n'est pas lui que tu cherches …

Le Prieur se releva et laissa Aube revenir doucement à la réalité. Quand elle le rejoignit au campement, elle était silencieuse et fixait son regard sur le feu de bois.

— Qui a-t-il ? N'es-tu pas heureuse ? N'ai-je pas

répondu à ta question ?

— Si bien sûr et je t'en remercie Prieur. Je réfléchissais à tes mots… Ne m'en veux pas, je ne ressens pas ton dieu…

— Ce n'est pas grave Petit Oiseau !

— Ce n'est pas grave ? Mais il est si important pour toi, tu lui as consacré ta vie !

— Oui c'est vrai et c'est mon choix. Personne ne te demande de lui consacrer la tienne. Que tu crois en mon dieu ou pas, ne change pas mon monde ni ma foi. Et même si tu crois en un autre dieu, cela ne bouleverse pas non plus ce en quoi je crois. Vois-tu, le ciel est assez grand pour tous les dieux qui veulent s'y loger et il est même assez grand pour accueillir aussi le néant. Rien n'ébranle ma foi parce qu'elle est construite d'amour pur, ce même amour qui m'a appris à respecter ta propre foi, et même ta « non-foi » si c'est le cas.

— Alors tu ne m'en veux pas ?

— Au contraire. Je vais te révéler un secret, un secret douloureux pour moi. Il y a bien longtemps, j'étais un guerrier, un guerrier fou, je croyais tout connaître, je croyais détenir la vérité. Je voulais que le monde entier reconnaisse *ma* foi. J'ai blessé beaucoup de gens à cause de cela…

— Toi Prieur ? Mais tu disais que ton dieu est amour.

— Oui, mon dieu a toujours été amour, mais moi alors j'étais sourd et je ne l'écoutais pas, je l'écoutais mal. Un jour je n'ai pas seulement blessé… un jour, j'ai tué. J'ai tué une petite fille. Ce n'est pas elle que je visais, mais c'est arrivé. Quand je suis rentré chez moi, mon frère m'a déposé dans les bras une enfant, son enfant, qui venait de naître. Et j'ai repensé à la petite fille. J'ai pleuré, et ces larmes étaient ma première véritable prière. J'ai appris à prier sans poser de questions, sans rien demander, juste en étant présent, en ressentant le vent sur ma peau, le soleil sur mon front. Alors un miracle est arrivé : j'ai cessé d'être sourd, j'ai entendu un dieu, mon dieu. Je l'ai entendu me dire que je devais aimer mes frères, mes soeurs, mon village et tous les inconnus que je croiserais. J'avais beau ne plus être sourd, j'ai demandé à mon dieu s'il pouvait répéter, et tu sais ce qu'il a fait ?

— Il s'est mis en colère ?

— Non, Petit Oiseau, mon dieu n'est jamais en colère, c'est moi qui était plein de colère. Mon dieu a ri, et il a répété encore et encore : aime tes frères, tes soeurs et tous les inconnus que tu vas croiser, aime-les comme s'ils étaient toi, comme s'ils étaient moi car en vérité, nous ne sommes qu'un. Il m'a appris la colonne de lumière comme celle que tu as vécue ce matin. Il m'a appris que nous étions connectés les uns avec les autres, et que, ne faisant qu'un, en blessant un autre, je me blesse moi aussi. Il m'a dit de laisser dire ou faire celles et ceux qui ne croyaient pas en lui, celles et ceux qui croyaient en un autre dieu ou même en plusieurs dieux, ou même en rien, car je devais respecter les choix de chacun, pour être respecté à mon tour. Et j'ai cessé de faire la guerre.

— Et il n'y a pas de place pour les déesses dans ton ciel Prieur ?

— Bien sûr malicieux Petit Oiseau, bien sûr. Mon dieu est peut-être une déesse et je l'ignore, qu'importe. Y-a-t-il une différence entre un dieu et une déesse, entre un homme et une femme, entre toi et moi ? Aucune Petit Oiseau, aucune différence. Nous appartenons tous au grand Tout. Peut-être après tout que nous, pauvres humains, ne faisons que raconter des histoires pour que nos dieux les écoutent. Mais toi, dis-moi, qui cherchais-tu aujourd'hui ? Ce n'était pas un dieu, ni même une déesse…

— Non Prieur, ce matin, en amour, en méditation et en lumière, je cherchais à atteindre un homme.

— Un homme que tu connais ?

— Un homme que j'ai aimé.

— Je crois que tu l'aimes encore.

— Je le crois aussi… Mais lui, lui je ne sais pas s'il m'aime toujours.

— Je vais alors te révéler un autre secret et celui-ci, il n'est pas douloureux, il est lumineux : cela n'a pas d'importance si tu n'es pas aimée en retour. L'amour que tu donnes, te nourrit lui aussi, tu l'as vu ce matin : la colonne de lumière et d'amour ne se coupe pas de toi, elle ne s'échappe pas, elle te traverse pour aller atteindre l'autre. Et cela sera ainsi tant que tu t'aimeras. L'amour que tu donnes doit toujours venir de toi, te traverser, te nourrir, te donner de la joie, et seulement ensuite repartir. L'amour, c'est juste de la joie, rien d'autre que cela. Maintenant va dormir, c'est assez pour ce soir. Demain, tu apprendras à te connecter à ceux que tu aimes, même s'ils sont loin, même s'ils sont morts.

*

En rêve, Aube ressentit le Fauconnier. Elle le voyait si triste, la recherchant sans relâche. Elle ressentit l'immensité de son amour pour elle, cet amour pur et inconditionnel dont avait parlé le Prieur. Alors Aube, durant son sommeil, apaisa le coeur du Fauconnier, elle lui chanta qu'elle allait bien et elle lui murmura, en pleurant, qu'elle n'avait jamais aimé que lui, mais qu'elle avait besoin de temps encore avant de rentrer.

Aube se réveilla avant le Prieur, elle demanda au tout petit oiseau d'aller rassurer le Fauconnier. L'oiseau était frêle et petit, il mettrait beaucoup de temps mais qu'importe, il acceptait avec fierté cette mission, et il s'envola.

Aube ralluma le feu pour le Prieur endormi, il se faisait vieux, il avait de plus en plus souvent froid. Il répétait qu'il était temps pour lui de quitter ce monde et qu'il en était heureux car il avait hâte de rejoindre son dieu, mais il devait terminer une chose avant, une dernière leçon. Aube ne savait pas que cette dernière leçon, il venait de lui offrir.

Pour ne pas le déranger, elle alla méditer seule. Comme la veille, elle se connecta à sa colonne de lumière. Bien ancrée dans la terre, elle ressentit l'amour monter en elle, sortir de son crâne, caresser les oiseaux puis, elle essaya de se connecter au Fauconnier. Elle le trouva immédiatement, comme s'il était connecté lui aussi à elle en permanence, elle vit ses yeux si bleus. Elle s'imagina dans ses bras et elle le ressentit encore plus fort comme s'il était vraiment là. Quel bonheur ! Quelle joie ! Elle n'avait pas mesuré combien elle pouvait l'aimer, combien elle pouvait être aimée. Elle comprit qu'elle pouvait alors être à ses côtés simplement par la pensée et cela brisa en elle toutes ses peurs d'insécurité. Puis, elle embrassa le Fauconnier, le remercia de son amour et lui dit qu'elle reviendrait lui parler en pensée, qu'il était le bienvenu lui aussi, et elle s'éloigna.

Sa colonne de lumière s'étirait, s'étirait, toujours et parfaitement illimitée, comme l'avait promis le Prieur. Aube alors chercha Barbar.

Et elle le trouva.

Son esprit à elle venait de se connecter à son esprit à lui. En image, elle le vit poser sa main sur sa joue, ce geste tendre et affectueux qui était à eux. La joie fut si grande et vive qu'elle ressentit réellement des picotements sur sa joue. Elle savait qu'elle pourrait revenir et le ressentir comme elle le souhaitait, mais elle décida de partir et, en s'éloignant, Aube vit une chose surprenante : de son corps sortait un rayon énorme d'amour lumineux qui rejoignait et fusionnait avec une colonne aussi lumineuse chez Barbar mais, tout autour, une série de lianes brunes les maintenaient prisonniers ensemble. Aube ne voulait pas de cet attachement, elle n'en voulait plus et, elle sectionna en esprit autant de lianes qu'elle put. Epuisée, elle revint à la réalité, se promettant de couper un à un tous ces liens, qui empêchaient le véritable amour de briller, qui l'étouffait.

Aube venait d'apprendre sa plus belle leçon : le véritable amour est inconditionnel, il est sans attente et il importe peu qu'il soit réciproque ou non à condition qu'il nourrisse, qu'il construise, qu'il élève. Aube venait de comprendre que l'attachement n'était pas l'amour, car dans l'amour il n'y a ni manque, ni jalousie, ni peur, ni insécurité, il n'y a que de la joie et de la lumière. Sans joie, ce n'est pas de l'amour. Elle comprit qu'il existait différentes amours, différentes façons d'aimer, et pour la première fois depuis longtemps, Aube commençait à bâtir un nouveau nid en elle, pour une nouvelle joie à naître.

8

Ce matin, à l'aube, Barbar s'est réveillé doucement. Il lui semblait que la Gardienne était là, elle lui paraissait si proche qu'il avait l'impression de poser la main sur sa joue et sa pommette grenade. Il était émerveillé par ce qu'il ressentait en lui, comme si une colonne d'amour le parcourait. Il sourit et c'est comme si sa Gardienne pouvait le voir sourire aussi.
Gardienne…

Il pensa aux mots du Fauconnier, elle ne s'appelait ni Aube, ni Gardienne. Comment s'appelait-elle ? La première fois qu'il lui avait demandé, elle n'avait pas répondu, elle ne devait pas savoir encore qui elle était.

Il songeait à la première fois où il l'avait rencontrée, à cet éblouissement, il songeait à sa peau, au goût de sa peau, de ses baisers. Il pensait à son rire et ses colères, à ses cheveux fous et sa voix d'une douceur rassurante.
La discussion avec le Fauconnier l'avait bouleversé. Avait-il le droit de revenir dans la vie de la Gardienne ? Car elle pouvait bien avoir un autre nom, un nom qu'il voulait apprendre et connaître, pour lui elle serait toujours, en secret, sa Gardienne, la Gardienne de sa joie, de sa vie.

Barbar avait peur d'écrire et il ne savait que dire.
Il aurait pu lui dire que ce qu'elle prenait pour de la lâcheté ou de l'orgueil n'était que de la peur, la peur de la perdre, elle, aussi libre qu'un oiseau de feu. Il aurait pu lui dire qu'il avait peur de ne pas être à la hauteur, qu'il avait peur qu'un jour elle ouvre les yeux et voit qu'il n'était ni prince, ni poète, ni roi, juste Barbar, Barbar le Phénicien, ancien potier devenu marchand d'or. Et puis toujours, obsédant, son regard vert venait le hanter. Il regardait cette île qui n'était rien sans elle, et il se dit que pour une heure, rien qu'une heure encore à ses côtés, à respirer le parfum de sa peau, à caresser sa joue, juste pour une heure à ses côtés, il était prêt à tout.

Alors il prit le papier, et il demanda pardon à celle qu'il aimait.

Et le premier oiseau put s'envoler.

9

S'il arrivait parfois que Aube parte méditer avant le Prieur, parce qu'elle se levait plus tôt que lui, toujours il venait la rejoindre. Mais aujourd'hui, le soleil montait dans le ciel, et il n'était pas encore à ses côtés. Elle s'inquiéta.

En cheminant vers le campement, elle vit qu'il était encore allongé. Il avait les mains posées sur son ventre, et son visage souriant respirait la paix. Il doit prier allongé, se dit-elle. Et elle choisit de rester méditer près de lui. Pour ne pas le déranger directement, elle s'amusa à se connecter à son esprit. A peine l'eût-elle décidé qu'elle ressentit immédiatement le Prieur, comme s'il l'attendait et, chose qu'elle n'avait pas encore vécu durant ses autres et récentes expériences, elle entendit sa voix dans son esprit.

— Je suis fier de toi Petit Oiseau, tu as bien compris la leçon.

Elle avait envie d'ouvrir les yeux et de lui parler vraiment mais il l'en empêcha.

— Attends, n'ouvre pas les yeux déjà. Reste avec moi un peu, laisse nos esprits connectés. Ecoute-moi : ta quête commence à peine Petit Oiseau, souviens-toi de tout ce que je t'ai appris, souviens-toi que tu peux, et pour toujours, te connecter en esprit à ceux que tu aimes, qu'ils soient de ce monde ou dans un autre.

Aube comprit immédiatement ce qu'il voulait dire et un frisson la parcourut, elle voulait ouvrir les yeux, courir vers lui dans le réel, mais il lui demanda encore de rester.

— Attends, s'il te plaît attends, laisse-moi simplement te dire que je vais bien, que je te remercie d'avoir ensoleillé mes derniers instants ici. Je suis heureux, j'ai bien vécu, j'ai appris la leçon pour laquelle j'étais venu, laisse-moi repartir là où on m'attends et suis ton chemin. Tu n'es jamais seule, je veillerai sur toi.

Aube sentit les larmes chaudes sur sa joue. Cette fois, elle avait peur d'ouvrir les yeux, peur de voir le corps inerte et froid du Prieur. Alors elle sentit un amour immense l'envahir, immense et doux, un amour paternel qu'elle n'avait jamais connu et elle chuchota, en pleurant doucement :

— Merci Prieur pour cet amour, mais tu vas me manquer. Je t'en veux, je ne suis pas prête encore. S'il te plaît, ne m'abandonne pas…

— Petit Oiseau… Je sais que tu as été abandonnée enfant, je l'ai senti, et la plaie est toujours présente. Soigne-là, permets la cicatrice, sinon tu seras toujours dépendante de l'amour d'un autre, du premier qui passera…Tu es une femme aujourd'hui, jamais plus personne ne pourra t'abandonner, parce que tu n'a besoin de personne pour vivre. Ecoute-moi Petit Oiseau, un jour, un homme est venu me voir et, quand il est parti, je lui en ai voulu moi aussi, j'ai même tenté de le retenir. Je n'ai fait que le blesser. Il est parti et je l'en remercie, j'ai tellement appris de son départ. J'ai appris que j'étais prêt, et tu l'es toi aussi. Il est temps pour moi. Vois, on est venu me chercher. Quelle joie, mon dieu, merci, c'est elle…

Aube n'osa pas ouvrir les yeux, elle entendit un pas léger, si léger. Elle avait peur de voir la Mort, mais elle souhaitait embrasser le Prieur avant que son corps disparaisse totalement. Elle ouvrit les yeux et, devant le corps de son vieil ami, se tenait une petite fille.

— Est-ce que tu es… la Mort ?

La petite fille secoua doucement la tête en souriant, et ses boucles légères étaient comme des vagues dansant sur la mer.

— Non. La Mort n'existe pas. Me permets-tu d'emmener le corps de ton ami ? Nous avons à parler lui et moi. Et puis, il ne disparaîtra pas totalement tu verras. Si tu sais voir, tu verras la lumière qu'il laisse ici, les traces de ses pas.

Aube s'approcha du Prieur. Elle regardait son visage apaisé. Elle déposa un baiser sur son front. Elle voulut toucher la petite fille qui s'écarta doucement :

— Pas déjà ! Ce n'est pas le moment pour toi.
— Quand je vais mourir, ou partir, je ne sais plus ce qu'il faut dire, est-ce-que c'est toi aussi qui

viendras me chercher ?
— Je ne crois pas, ou disons plutôt pas sous cette apparence là. Mais sois certaine que c'est la bonne personne qui viendra pour toi et tu n'auras pas peur, et tu ne seras pas seule, et tu ne souffriras pas.

Sur ces mots, la petite fille déposa une couverture sur le corps du Prieur et celui-ci s'enfonça lentement dans le sol. Le sol se creusa, se creusa et, quand il ressembla à un petit lac, il se remplit doucement d'une eau cristalline. La petite fille fit un dernier signe de la main à Aube, en souriant toujours, et elle s'enfonça dans l'eau.

*

Aube resta prostrée autour de cette eau pure. Le Prieur lui avait dit qu'elle était prête, mais elle revécut avec ce départ la fuite de Barbar, et un abandon bien plus ancien encore, avant d'être trouvée par le Fauconnier, et son chagrin redoubla. Pourtant, elle n'essaya pas de se connecter au Phénicien ou à quiconque. Elle avait besoin de pleurer, comme si ses larmes avaient le pouvoir de laver son coeur, de le calmer. Et la plaie commença à se fermer, et la cicatrice commença à se former.

*

Au troisième jour, elle sentit une bourrasque autour d'elle, comme un vent fou. Ce vent fit tomber toutes les feuilles des arbres alentours et encerclèrent Aube. Le Sculpteur de vent l'avait retrouvée et il était furieux de son départ. Aube se releva, elle laissa les feuilles voler en furie autour d'elle et cria :

— Est-ce seulement de la colère que tu as pour moi ? Crois-tu que c'est ainsi que je vais revenir ?

Les feuilles tombèrent toutes ensemble sur le sol, en un instant. Puis elles se regroupèrent pour dessiner un chemin qui commença aux pieds de Aube et devait l'amener jusqu'au Sculpteur de vent.

— Non. Cette fois, je ne reviendrai pas vers toi. Que suis-je pour toi ? Un jeu ? Une marionnette ? Tu viens, tu repars, tu me pousses au départ ou à revenir et cela sans cesses sans te préoccuper de ce que je ressens. Je ne veux plus te partager ! Je préfère te perdre plutôt que me perdre moi !

Un éclair déchira le ciel et la pluie se mit à tomber. Il y eut la tempête durant quarante jours et quarante nuits. Aube trouva une grotte et elle s'y abrita. Aucun vent ne pouvait y entrer, ni orage, ni pluie. Alors le Sculpteur de vent arrêta là sa douleur. Et il vint, à l'entrée de la grotte et attendit que Aube accepte d'en sortir.

— Je ne crains pas l'éternité. Je reviendrai, encore et encore pour te convaincre de m'aimer. Je vais t'attendre et je sais qu'un jour, tu reviendras, parce que toi et moi nous avons été conçus pour être ensemble, parce que tu es la seule avec qui je me sens totalement vivant.

Parce qu'il pleurait et semblait enfin sincère, parce qu'il insistait pour la retrouver depuis toutes ces années, Aube sortit et quand elle vit le Sculpteur de vent, son corps tremblait de désir et d'amour pour lui. Il lui tendit la main, elle ne la prit pas.

— Sculpteur de vent, s'il te plaît, si tu m'aimes vraiment, arrête de nous détruire.
— Je n'ai jamais voulu te faire de mal.
— Je le sais, mais tu en as fait pourtant. Tu es

volage Sculpteur de vent. Je ne cherche pas à te changer, mais je ne veux plus de vent chaud et de vent froid. As-tu seulement songé, à tout ce que nous aurions pu bâtir ensemble ? Tu m'échappes sans cesse, tu me désires seulement quand je suis loin, quand je te fuis. Et je suis fatiguée de fuir. Je ne veux plus de ça. Reviens quand tu auras aimé toutes les autres femmes de la Terre. Reviens quand tu n'auras plus besoin d'être rassuré dans d'autres bras. Reviens quand tu seras libre, quand tu voudras construire et non détruire. Reviens quand je n'aurai plus peur de vieillir à côté de toi, quand tes rires, tes peines, tes joies, c'est avec moi que tu les partageras. Ou bien ne reviens pas, et laisse-moi aimer un autre que toi.

— Tu veux que je sorte de ta vie ?

— …

— Réponds ! Est-ce que tu veux que je sorte de ta vie ?

— Je ne sais pas ! Non je ne le veux pas… Aujourd'hui, je n'arrive pas à imaginer ma vie sans toi. Tout ce que je sais c'est que je ne veux plus de ces vents chauds et de ces vents froids. Laisse-moi partir et découvrir qui je suis. Toi-même découvre qui tu es et, si nous devons nous revoir, alors nous nous retrouverons. Mais pour l'instant, je ne sais même plus qui j'aime vraiment, je ne sais même plus si je t'aime réellement…

Est-ce que le Sculpteur de vent réalisa qu'il allait perdre Aube s'il ne faisait pas un choix ? L'histoire, pour l'instant, ne le dit pas. Il s'envola comme il le faisait si souvent, se consoler dans d'autres bras, certain, comme Barbar l'était autrefois, qu'un jour Aube lui reviendrait. Il partit et ne vit pas, évidemment, le fil d'or invisible qui la liait à elle et qui ne se brisait pas.

*

Le Prieur était parti, le Sculpteur de vent aussi, Aube était loin du Fauconnier, et l'oiseau envoyé par Barbar arriva. C'était un oiseau du Fauconnier et le Fauconnier ne laissait jamais de lettres, il parlait à ses oiseaux et Aube, qui avait apprit leur langue avec lui, les comprenait. Elle regarda la lettre et vit simplement trois mots :
« Pardonne-moi Gardienne »

Un seul être dans ce monde l'appelait « Gardienne ». Comment un oiseau du Fauconnier pouvait-il être près de Barbar ? L'oiseau lui raconta.

Pour Barbar, Aube s'aperçut qu'elle n'avait plus de mots. Bien sûr sa lettre l'apaisait, mais elle ne sut que lui répondre, elle lui avait déjà tellement parlé, tellement écrit. Elle pardonnait, bien sûr elle pardonnait. C'était un autre cadeau du Prieur, l'apprentissage du pardon. Mais parler et dire, et écrire, elle ne savait plus le faire pour Barbar. Elle l'ignorait encore mais elle frôlait le désamour, aussi violent et perturbant que l'amour lui-même.

Elle demanda à l'oiseau de ne pas retourner vers le Phénicien, mais de rentrer chez le Fauconnier. Elle voulait lui laisser un message pour lui dire qu'elle allait bien, elle voulait surtout lui avouer ce qu'il savait déjà mais qu'il ne lui avait pas permis de dire. Alors elle laissa un message à l'oiseau, un message dans une langue que le Fauconnier pouvait entendre :

« G ME ET ME FUI »[2]

Elle avait reçu le pardon de Barbar, elle avait avoué ses autres amours au Fauconnier, elle n'avait plus rien ni personne.

Elle avait tout à construire et à découvrir.

---

2 « J'ai aimé, été aimée et fuie » en langue des oiseaux.

10

Le Sculpteur de vent envolé, Aube resta longtemps sous les ramures des arbres, ne sachant où aller. Elle regarda ses pieds nus sur la terre, elle chercha à s'y enfoncer davantage, comme pour y dessiner des racines. Alors elle ressentit des fourmillements de lumière au bout de ses orteils, dans la plante de ses pieds et parcourir tout son corps pour la régénérer. Elle ne pensait plus à rien, elle écoutait la lumière se déverser en elle et, naturellement, son regard se tourna vers le ciel, à la recherche, un bref instant, d'un passage vers les nuages. Elle se rappela qu'elle avait laissé au sol ses ailes mais elle savait que sa liberté ne tenait pas à cela. Elle était calme, sereine, sans attente de réponse. Elle souriait et accueillait le soleil qui tombait en flocons sur ses joues.

Alors, elle entendit une musique. C'était à peine perceptible et pourtant, au milieu de la nature, des oiseaux et du silence, un oud lointain chantait. Et Aube suivit la musique comme un fil invisible, avec confiance, apaisement et joie.

Elle marcha longtemps et, tant que la joie l'habitait à l'écoute de cette musique, elle décida de la suivre. Peu à peu, le son devenait plus fort, plus haut. Enfin Aube aperçut l'instrument puis le musicien. Assis sous un arbre, il la regarda arriver et ne s'arrêta pas de jouer. Blond, les cheveux en désordre, tombant aux épaules, les pieds nus comme Aube, il jouait en souriant. Ses épaules larges et solides paraissaient capables de porter le monde. Sa peau était ambrée comme un crépuscule et semblait l'exacte opposée de la peau de lune de Aube. Quand il arrêta de jouer, il posa délicatement son instrument sur la mousse d'un arbre puis il s'approcha de la jeune femme et lui tendit les bras :

— Cela fait longtemps que je t'attends. Depuis toujours en fait.

— Tu m'attends ? Mais, qui es-tu ?

— Tu ne me reconnais pas ? Regarde mes yeux.

— Je m'y vois…

— Oui et je me vois dans les tiens. Je suis toi, je suis une partie de toi, celle que tu as laissée, je suis la partie qui chante et qui vibre, celle qui est forte et qui s'aime. Je suis ce que tu recherches chez les autres, alors que tu as juste besoin de le laisser vivre en toi.

— Je suis… toi ?

— Je suis ta musique, je suis ta force et ton chant. Je suis toi. Nous sommes un, ou plutôt nous le serons quand tu auras appris à m'aimer, à aimer cette partie de toi que je suis, quand tu accepteras de vibrer le monde et la vie, au lieu de subir et d'attendre un nouveau jour à venir. Reste à mes côtés, repose-toi. Je suis ton miroir, ton autre et ta voie.

Le Musicien prit la main de Aube et la joie ne la quittait plus, ni ce sentiment de force et de bien-être qu'elle ressentait. Elle le regardait avec attention, il était de même hauteur qu'elle. Elle regardait ses yeux qu'elle trouvait magnifiques et, sans qu'elle ait eu besoin de prononcer un mot, il répondit :

— Je suis ton miroir, ces yeux que tu trouves si beaux, sont les tiens.

Alors elle regarda ses lèvres superbement dessinées et pleines et il répondit encore :

— Je suis ton miroir, ces lèvres que tu trouves si pleines, sont les tiennes.

Elle posa la main sur le coeur du Musicien. Il posa sa main sur la sienne et doucement murmura :

— Notre coeur est encore un peu fragile mais il bat. Il n'a jamais appris à battre plus fort, il a peur de faire du bruit, il a peur de chanter. Mais, ensemble, nous allons lui apprendre à danser sa propre musique, à éloigner les ténèbres et à vivre, enfin.

Aube resta longtemps auprès du Musicien et, près de lui, elle se construisit. En apprenant à l'aimer, elle s'aimait elle. Quand elle doutait, quand elle se sentait peu confiante, il lui suffisait de le regarder, de le toucher, de le sentir, de lui parler, et la force en elle jaillissait. Il répétait souvent :
— Chaque être doit jouer sa propre musique, son propre instrument. Le nôtre c'est le oud. Le oud est la musique que notre coeur a choisi. Apprends à en jouer et tu seras sauvée.

— Sauvée ?

— Si tu connais ton chant, personne ne peut t'imposer le sien. Si tu connais ta musique, alors tu peux éloigner les sons désagréables et tu n'as besoin, pour te rassurer, que de t'écouter.

— Cela veut dire que je resterai seule, toujours ? Ou que nous resterons simplement tous les deux ?

— Non. Un jour, tu ne me verras plus mais je serai en toi et alors seulement, tu pourras aller à la rencontre d'autres musiciens, d'autres musiciennes et jouer avec eux l'harmonie du monde. Tu pourras vivre auprès de ceux qui vibrent et tu pourras enfin aimer et être aimée d'un partenaire à ta mesure, et votre chant sera sans pareil.

Le Musicien lui apprit qu'un être accompli était celui qui avait fusionné sa partie féminine et sa partie masculine. Un être accompli était une personne qui connaissait sa musique personnelle et pouvait la jouer sans étouffer celles des autres et sans éteindre la sienne. Il lui raconta l'histoire de la nymphe Salmacis qui fusionna avec Hermaphrodite, fils d'Hermes et d'Aphrodite.

— Il n'y a pas de suprématie entre les sexes, ils ne

sont qu'un. Nous ne sommes qu'un.

Toujours cette unité, comme celle dont lui avait parlé le Prieur, et en pensant à lui, une douce lumière vint lui caresser le coeur.

Aube resta si longtemps avec le Musicien, que Barbar eut le temps de lui envoyer les sept oiseaux. Chaque fois qu'un nouvel oiseau arrivait, Aube posait sous une pierre la lettre, sans la lire, ou à peine. La magie n'opérait plus, qu'aurait-elle bien pu répondre au Phénicien, il lui parlait de trop loin maintenant. Chaque fois qu'un nouvel oiseau arrivait, elle lui demandait de rentrer chez le Fauconnier pour lui donner des nouvelles et le rassurer. Pourtant quand vint le septième oiseau, et avant que Aube lui demande de partir, le Musicien proposa :

— Le septième oiseau est précieux. Aujourd'hui tu ne veux pas le renvoyer près de Barbar mais demain qui sait… Ne lui en veut de rien. Comment Barbar aurait-il pu t'aimer si toi-même tu ne t'aimais pas assez ? Comment aurait-il pu t'aimer alors qu'il s'aime autant lui-même ? Vous vous êtes rencontré lui et toi sur un manque et sur un trop plein. Tu ne connaissais pas ta musique et tu as tout attendu de lui, jusqu'à ton propre nom. Il n'a fait que répondre à ta demande et, en partant, il t'a fait le cadeau de partir à ta recherche. C'est toi qui devrait lui dire merci.

Cette nuit là, après les paroles du Musicien, Aube ne dormit pas. Elle demanda au septième oiseau de rentrer chez le Fauconnier et de ne pas parler, elle lui demanda d'attendre le jour où elle serait prête à parler de nouveau à Barbar. Puis elle regarda les étoiles et songea que, quelque part, dans ce monde, les êtres qu'elle aimait regardaient les mêmes étoiles, la même lune. Et l'unité dont le Prieur lui avait parlé, la rassurait. En pensée et en lumière, elle alla près du Prieur qui était toujours à ses côtés même de l'autre côté du voile. Puis elle prit le oud. Maladroite d'abord, elle ne le quitta pas avant l'aube. Le Musicien vint s'asseoir face à elle pour l'écouter. En jouant, même difficilement au début, elle comprit qu'elle n'avait jamais été une gardienne, elle n'avait rien à garder, et surtout pas ses peurs, son insécurité. Elle n'avait rien à garder, et surtout pas les rêves ou les projections des autres. Elle n'avait rien à garder et surtout pas le bonheur de vivre d'une autre personne. Elle n'était responsable que d'elle-même et n'avait rien à attendre, rien à demander. Elle pouvait tout avoir, tout construire, sans avoir besoin d'attendre qu'un autre le lui donne.

Elle jouait et la nuit lui dessinait notes et portées. Elle jouait et son coeur trouvait son propre rythme, son propre chant.
A l'aube, elle sut jouer du oud.

— Musicien, merci. Je crois que je sais enfin comment je m'appelle. Je sais comment je veux m'appeler : Calliope. Je veux inspirer, chanter, voler, sans porter qui que ce soit, je veux aimer et apprendre aux autres, comme toi tu m'a appris, à regarder ce monde d'un regard émerveillé. Les autres peuvent continuer de m'appeler par le nom qu'ils souhaitent : Aube, Gardienne, Petit Oiseau ou autre. Cela me plaît aussi et ne me dérange pas, car maintenant, mon coeur sait sa musique et son nom. Je suis Calliope l'émerveillée.
— Alors Calliope viens près de moi, dort contre mon corps et que ma force, ma joie, mon chant, mon assurance et ma beauté, soient pour toujours en toi et que tu ne l'oublies jamais.

La jeune femme se coucha contre le Musicien, le prit dans ses bras. Leurs coeurs battaient à l'unisson, leurs cheveux se mêlèrent l'un à l'autre, leurs mains se caressèrent et, quand elle se réveilla, le Musicien était en elle, ils avaient fusionnés comme dans la légende de Salmacis.

Et la Gardienne, Aube ou Calliope, qu'importe le nom que l'on pouvait lui donner, sut qui elle était et que le monde venait de naître pour elle, en elle, et que tout était possible désormais.

11

Barbar sentit qu'il se passait quelque chose de différent. Ses oiseaux ne revenaient pas, aucun des sept oiseaux. En rêve, en pensée, il essayait de rejoindre sa Gardienne mais elle lui paraissait si lointaine qu'elle ne l'entendait plus. Il rêvait d'elle toujours, et elle était alors plus grande et lumineuse que dans son souvenir. Puis il songea au phare, ce phare si beau mais si humble et petit qu'il était finalement ridicule pour elle. Comme cette île toujours plus petite et qui n'en finissait pas de rapetisser, de rétrécir.

Il guettait le retour des oiseaux et finit par comprendre, par accepter, que Aube n'allait pas revenir. Aube ne reviendrait pas.
Le Phénicien, l'avait perdue, pour toujours.

Il essaya de se faire une raison. Il essaya de se dire qu'il finirait par l'oublier, qu'il pourrait vivre malgré tout et être heureux. Il pouvait repartir, quitter cet endroit, s'établir ailleurs, faire d'autres rencontres et aimer encore peut-être. Oui il le pouvait. Mais son coeur se glaça en songeant à ses dernières heures de vie, où elle ne serait pas là, à son sourire qu'il ne verrait plus, à ses grands yeux à l'aube, à son rire. Son coeur se glaça en songeant à tous les poèmes qui ne naîtraient jamais, à toutes les histoires qui ne seraient pas écrites. Bien sûr, il pourrait aimer encore et peut-être même plus grand, plus fort. Mais certains amours sont faits pour ne pas s'éteindre, ils gardent la trace de l'émerveillement comme le soleil garde trace de la lumière. Inexorablement. Et ni le temps, ni les autres amours, ni les moments heureux de vie, ne peuvent effacer ces amours là, hors du temps et de la vie, qui semblent avoir été programmés uniquement pour nous permettre de nous élever, de rêver.

La Gardienne était une femme en devenir, une petite fille coincée dans un corps trop grand pour elle. Elle n'était ni plus belle, ni plus merveilleuse qu'une autre. Et même, elle était beaucoup plus sombre et effacée que d'autres. Mais elle portait en elle une flamme unique et Barbar voulait la voir briller encore une fois, même si cela devait être une dernière fois.

Il savait qu'il n'existait qu'une seule manière de la rejoindre, de l'atteindre, c'était d'écrire pour elle comme elle l'avait fait pour lui. Il attendit donc un huitième oiseau : une plume, une plume qu'un oiseau sauvage de passage finit par laisser tomber sur le sable de son île, il trouva l'encre d'une seiche et avec le papyrus qui poussait encore un peu, et en reprenant les gestes maintes fois observés auparavant chez la Gardienne, il fabriqua des feuilles. Durant tout ce temps, toute cette préparation, l'histoire en lui, déjà, s'écrivait. Puis il s'attela à écrire, durant des heures, des jours, des semaines, des mois. Ecrire pour elle était le dernier acte d'amour qu'il pouvait lui laisser. Il le fit sans espoir de la reconquérir, sans but, sans calcul, juste comme un don. Il déposa simplement son amour dans les mots pour lui dire tout ce qu'elle avait été, ou était encore pour lui, pour qu'elle ne l'oublie jamais.

Un soir, alors qu'il écrivait encore, l'eau de mer vient le caresser. Il n'avait pas vu que l'îlot n'était presque plus rien, c'est à peine s'il pouvait encore s'y tenir. Barbar comprit alors qu'il était temps de finir le dernier chapitre de son roman avec la Gardienne. Il garda précieusement le livre contre lui et observa le ciel étoilé :

— Pêcheur d'étoiles, j'ai besoin de toi ! J'ai enfin apprivoisé le temps, j'ai enfin compris le bon moment. Viens me chercher et que cette île puisse enfin se détruire et sombrer.

Le Pêcheur arriva avant la fin de la prière. Il n'avait pas changé. Il portait toujours son habit couleur gris pâle et or, son chapeau de paille décousu et sa longue pipe. Il sourit avec malice à Barbar et ce dernier monta dans la fragile barque. Comme Baal le Potier le lui avait appris, Barbar accepta de tout détruire avant de reconstruire, de se reconstruire, il accepta de regarder l'île s'enfoncer doucement dans les flots. Bientôt elle allait disparaître totalement et il ne resterait plus de terre témoin de la belle aventure entre Barbar le Phénicien et Aube la Gardienne.
Mais peut-être leur histoire pourrait-elle se jouer ailleurs, autrement ? Tout ceci était écrit dans le livre que Barbar tenait contre lui, le livre qu'il avait écrit pour celle qu'il aimait et qui n'en finissait pas, de se tisser en lui.

12

Calliope avançait, riche du Musicien en elle, riche de ses amours passés, de ces récits passés, riche de ses rêves en devenir. Elle ne savait pas encore où aller, elle marchait en souriant, sachant simplement qu'au bout du chemin, au bout de son voyage, il y aurait toujours l'amour : celui qu'elle avait en elle, l'amour pour le Sculpteur de Vent, Barbar, le Fauconnier, ou un nouvel amour, tout neuf, tout secret encore et nimbé d'irréalité. Elle marchait en émerveillée, regardant le monde comme si elle venait de naître, nourrie d'amour, un amour qui émanait d'elle et se dispersait alentours. Elle regardait le sable, les herbes et les minuscules insectes sous les feuilles. Elle observait les nuages et le vent, elle dansait sous la pluie, se déshabilla pour la ressentir totalement sur sa peau.

C'est nue qu'elle les rencontra, entendant leurs rires, jouant sous la cascade.
Huit jeunes femmes aussi radieuses l'une que l'autre se baignaient, nues elles aussi, sous une cascade. Elles semblaient, toutes ensemble, réunir la beauté d'une seule vie de femme : l'une était ronde et pleine, aux seins lourds et au ventre de lune, une enfant lumineuse jouait avec une vieille dame à la longue chevelure argent, tandis qu'une adolescente berçait une enfant sous le regard attendri d'une autre, enfin deux autres femmes, d'âges et de corps différents, de couleur de peau et de cheveux tout aussi différents, riaient de bonheur sous les éclaboussures de l'eau.

Calliope avait souvent croisé des personnes tristes et, cette fois, elle apprenait le bonheur que l'on ressent à voir le bonheur des autres. Elle s'installa sur un rocher et regardait en souriant ces belles inconnues dans l'eau. L'une d'elles l'aperçut et lui sourit. Alors, les huit filles et femmes se dirigèrent vers Calliope en chantant. La plus âgée lui demanda :

— Quel est ton nom enfant ?

Calliope hésita. Son nom ? Elle sentait les mots se bousculer en elle pour dire « Calliope », mais ses autres noms lui revinrent : Aube, Gardienne, Dame lointaine, Petit Oiseau et un autre nom, un nom oublié, donné en langue des oiseaux par le Fauconnier il y a tellement longtemps : Cybèle.
Si belle…

— Les autres m'appellent chacun à leur manière et selon la façon dont ils me voient, mais moi, je m'appelle Calliope. Je m'appelle Calliope l'émerveillée.
— C'est un beau nom que tu portes là, et nous le respecterons puisque tel est ton choix. Veux-tu te joindre à nous pour le bain ? Si tu nous offres une chanson, nous t'offrirons notre compagnie. Tu pourras rester aussi longtemps que tu le souhaites et partir dès que tu le voudras. Nous sommes les Muses et, parmi nous, aucune autre ne te ressemble. Viens.

Chanter ? Calliope songea au temps où elle devait rester silencieuse, au temps où seuls ses écrits lui permettait de dire sans bruit, et on lui demandait à présent de chanter…

La petite fille lui demanda :

— Tu n'as jamais chanté ? Tu ne connais pas ton chant ?
— Non… Mais je connais ma musique.

Deux Muses lui prirent la main et l'accompagnèrent dans l'eau.
— Chante Calliope l'émerveillée. Suis ta musique, ton rythme, chante pour la première fois, puis tu apprendras à danser, et le monde sera en toi. Il l'est déjà, c'est juste que tu le découvriras.

Calliope était dans l'eau et elle sentit la fraîcheur sur ses cuisses, sur la pointe de ses seins, elle sentit la caresse de l'eau et, tandis que l'une lui brossait les cheveux, ses cheveux devenus longs et feu sous le soleil de ses longues marches, elle chanta. D'abord, son chant fut timide, puis sa voix, doucement se posa, s'éleva et, entourée de ces femmes, de ses soeurs, Calliope se révéla et sentit le monde vibrer en elle.

Les Muses chantèrent avec elle, chacune avait sa propre voix mais elles étaient toutes en mesure et la clairière dessina un orchestre de lumière et de joie.

Calliope regardait son corps dans l'eau claire et il lui semblait qu'elle se regardait pour la première fois. Cette fois, elle ne se révélait pas sous la main d'un homme, elle se révélait seule en se regardant, en observant ses longues mains fines, son ventre doux et ses seins blancs, à peine plus grands que deux pommes. Elle vit son sourire dans le reflet de l'eau et aima son regard vert et son visage éternellement enfantin. Sur ses longs cheveux brossés, une Muse déposa une couronne de fleurs.

— Vois comme tu es belle, tu es une reine, nous le sommes toutes. Regarde-toi, aime-toi. Nous avons toutes ici un âge différent, toi tu es à l'âge des caresses, quand tu auras trouvé le bon compagnon, ensemble vous apprendrez la sexualité sacrée et ton chant, ta musique, atteindront les étoiles.

— Comment trouver ce compagnon ?

— En étant toi, simplement toi. La vibration de ta musique va atteindre la sienne. Sa vibration ressentira la tienne si puissamment, que vous serez attirés, et vous vous retrouverez facilement et vous n'aurez plus envie de vous quitter.

— Comment pourrais-je savoir que c'est le bon compagnon ?

— Ton coeur te le dira. Ton corps aussi. Tu ne ressentiras que de la joie, rien d'autre que de la joie. Tu n'auras ni doute, ni peur, tout te semblera limpide et surtout, tu ne souffriras pas, car l'amour ne fait jamais souffrir, seul l'attachement blesse.

Calliope dormit cette nuit-là sous les étoiles, contre le corps doux de ses soeurs. Elle aurait pu rester là avec elles de longues journées encore, mais elle avait promis de rentrer. Elle voulait dire au Fauconnier qu'elle l'aimait mais qu'elle n'avait pas de joie à ses côtés. Alors au petit matin, Calliope l'émerveillée embrassa chacune de ses soeurs, elle ne promit pas de revenir, elles-mêmes ne demandaient rien, et pour les remercier de cette leçon, elle leur offrit une danse, la danse de la liberté, la danse de la réalisation de soi, la danse de l'aube…

13

Dans la barque du Pêcheur d'étoiles, Barbar était en silence. Il songeait comme tout était si simple autrefois avec la fille du marchand d'or, avec elle il n'y avait jamais eu de passions, de doutes, seulement beaucoup de tendresse à défaut d'amour, et un contrat entre eux. Un contrat qu'il n'avait pas vraiment su tenir puisqu'il était parti malgré lui, sans revenir. Pourtant elle avait été heureuse avec un autre homme, grâce à son départ. Et avec lui, Barbar, avait-elle était heureuse ? Entre eux il y avait une belle entente, mais l'amour est-ce uniquement l'entente ? Ne jamais se battre ni se disputer, ne jamais avoir peur de perdre l'autre, le comprendre simplement sans que tout soit compliqué, est-ce suffisant pour évoquer l'amour ?

Le Pêcheur d'étoiles brisa le silence :

— Tu es entouré de peurs Barbar, et ces peurs, tu les caches sous un voile. Cela fonctionne pour beaucoup, mais moi je les vois ces peurs, je vois à travers le voile. Ta Gardienne si lumineuse a ôté ton voile mais tu as préféré le remettre vite, et la perdre.

— Et toi Pêcheur, qui es-tu pour me faire sans cesse la leçon ? Tu réalises les rêves des autres mais que fais-tu de tes rêves à toi ? C'est facile non ? Pourquoi es-tu là ?

— Je suis là parce que tu m'as appelé. Laisse sortir ta colère Barbar, c'est bon. Il vaut mieux la donner au vent, plutôt que laisser la tempête en soi.

— Pardonne-moi.

— Il n'y a rien à pardonner, tu ne m'as pas blessé, rassure-toi. Vois-tu Barbar, je ne suis plus dans l'attente ni le désir. Comment te dire ? En toute humilité, j'ai vécu si longtemps, que j'ai atteint la réalisation de moi, je suis désormais amour pur, sans jugement. Je viens quand on m'appelle, je donne ce que l'on me demande. Il ne m'appartient pas de dire si la décision est bonne ou non.

— Tu veux dire que tu es une sorte d'ange ?

— Une sorte d'ange, oui peut-être. Il y a

beaucoup de Pêcheurs d'étoiles dans ce monde, mais les Hommes l'ont oublié. Ils n'aiment pas ce qui est simple, ce qu'ils ne peuvent maîtriser ou expliquer. Tu as appris beaucoup déjà. Tu as appris à demander de l'aide, en m'appelant, et tu as appris l'amour avec elle. Elle n'était pas prête et toi non plus tu ne l'étais pas. Seul le temps dira si désormais vous pouvez danser ensemble.

— Puisque tu donnes ce que l'on demande, s'il te plaît Pêcheur, donne-la moi, donne-moi son amour.

— Elle n'est pas une chose, elle a ses propres choix. Mes limites sont là. Demande-moi le meilleur amour pour toi et je t'aiderai à vibrer pour attirer la bonne personne à toi, comme ce fut le cas la première fois que tu l'as rencontrée, car tu vibrais alors et elle aussi, et vous avez appris l'un de l'autre. Mais aujourd'hui, je dois te dire, et tu l'as senti, qu'elle vibre différemment. Elle est complète, elle n'est pas dans le manque ni l'attente, elle est amour et n'a besoin de personne pour combler ses manques. Elle a besoin d'un compagnon aussi complet et émerveillé qu'elle l'est aujourd'hui. Fais donc tout ce qui en ton pouvoir pour l'apprivoiser, termine ce roman que tu as commencé et offre-lui, car l'écriture est son chant et c'est ainsi que tu pourras toucher son coeur et lui parler. Pour le reste Barbar, il te faudra avoir foi, et attendre. Après tout, n'es-tu pas un Pêcheur de Temps ?

Dans le fragile esquif sur la nuit de l'Océan, Barbar se sentait plus seul encore que la nuit où il avait failli se noyer. Il avait froid sans la chaleur de la Gardienne à ses côtés. Il pouvait se mentir, se cacher la vérité, poser sur ses peurs tous les voiles qui existaient, il savait qu'il avait touché le soleil et le sublime avec elle, et il avait peur de ne plus jamais vivre cela. Alors il s'enfonça sous les couvertures, sortit ses feuilles et continua d'écrire son roman pour la Gardienne. Il ajouta un titre, « L'Emerveillée », et il se promit d'y consacrer le reste de sa vie, pour la voir sourire, encore une fois, juste encore une fois.

14

Calliope marchait d'un pas léger sur le chemin, sur *son* chemin. Elle était belle et lumineuse, si éloignée de la petite fille lointaine sous le saule, trouvée par le Fauconnier. Sa démarche était différente, son regard aussi. Elle marchait comme on rêve, sans blesser le sol et en flottant légèrement. Il émanait d'elle une aura lumineuse, comme un cocon de tendresse qui la protégeait autant qu'il attirait.

Calliope rentrait chez le Fauconnier sans savoir encore si elle allait rester à ses côtés. Elle n'avait pas peur d'être seule, pas besoin d'être aimée ou rassurée. Elle écoutait sa musique et était heureuse d'être en vie.

Sur le chemin, elle aperçut le tout petit oiseau qui l'avait accompagnée au début de son aventure. Il était toujours en mission, il se dirigeait vers le Fauconnier. Il était épuisé et sale mais il n'abandonnait pas. Il n'arrivait plus à voler alors il marchait à minuscules avancées. Quelle joie pour l'Emerveillée de le retrouver !

— Quel bonheur mon ami de te voir ici ! S'il te plaît veux-tu rester à mes côtés pour terminer le chemin ? Je sais que tu pourrais y arriver sans moi, mais j'aimerais t'avoir près de moi, dans mes cheveux. Veux-tu me rendre ce service ?

Le minuscule oiseau hésita un peu, juste un peu.

— Je te demanderai simplement, quand nous arriverons devant la porte du Fauconnier, d'entrer avant moi, pour lui dire que je vais bien. Ainsi ta mission sera accomplie et moi je pourrai lui faire immédiatement la surprise. Tu veux bien ?

En guise de réponse, le minuscule oiseau se réfugia dans la chevelure de l'Emerveillée, il se fit un nid et s'endormit d'un sommeil profond dont il ne sortit qu'à la fin du voyage.

La jeune femme continua de marcher. Elle traversait des montagnes, des forêts, des vallées. Elle croisa des animaux en nombre, mais aucun autre humain jusqu'à ce matin là.

Dans la forêt, une biche blanche passa et l'Emerveillée s'arrêta pour l'admirer et la regarder passer. Un homme suivait la blanche biche. Grand, très brun et à l'épaisse barbe noire, il était richement, et tout de noir, vêtu. Il tenait la main d'un enfant, un petit garçon aussi lumineux que lui était sombre. On aurait dit, en les voyant, que la Nuit promenait la Lune. Ils avancèrent sans s'arrêter et au moment où ils furent à même hauteur, le Prince de la Nuit, regarda l'Emerveillée de ses prunelles noires. Elle ressentit le chagrin immense de cet homme, il lui semblait que toutes les cordes de son instrument de musique avaient été cassées. Il s'accrochait à l'enfant lumineux qui chantait, comme si ce dernier détenait, seul, le pouvoir de le maintenir en vie.

L'Emerveillée fit un signe de la main à l'enfant, qui lui rendit en souriant, puis elle prit la main du Prince de la Nuit. Longtemps ils se regardèrent en silence. L'Emerveillée alors déposa un baiser sur la joue du Prince, un baiser pour le réveiller de son long sommeil, un baiser qui ne signifiait rien d'autre qu'un rappel à la vie et à la joie. Et elle entendit qu'une corde de l'instrument du Prince vibrait encore. Elle sourit, reprit son chemin et se demanda si elle le reverrait jamais. Cela n'importait pas, seul comptait la joie qu'elle voulait offrir et partager pour que le monde devienne aussi beau qu'elle le voyait.

Le Prince de la Nuit resta longtemps à la regarder partir, l'enfant en profita pour lui lâcher la main et se libérer mais il resta encore à côté du Prince, le temps qu'il trouve enfin sa propre lumière.

L'Emerveillée elle, avançait.
Elle arrivait près d'une plage quand l'orage commença à gronder. Les vagues se brisaient sur les rochers mais ne dévoraient pas tout le sable. L'Emerveillée sourit au contact de ses pieds nus sur le sable. Elle pensa à Barbar et remarqua qu'il n'y avait plus aucun lien d'attachement entre eux. Affectueusement, en pensée, elle caressa la joue du Phénicien qui, au même moment dans la barque du Pêcheur d'étoiles, le ressentit et posa sa main sur sa joue drue.

L'orage éclata enfin et, au milieu des éclairs, l'Emerveillée vit le Sculpteur de Vent. Il était trempé, silencieux. Elle s'approcha de lui, posa la main sur son coeur, il vibrait mais le bruit de l'orage l'empêchait de l'entendre vraiment. Leurs vibrations communes pourtant se déchaînèrent et quand il l'embrassa, leur démesure les submergea. Ils s'aimèrent ainsi sur la plage, sous l'orage en furie. Le Sculpteur de Vent découvrit cette femme qu'il adorait et qui n'en finissait jamais de le surprendre. Elle lui glissa à l'oreille son nom, le nom qu'elle s'était donnée :

— Sculpteur, je n'ai rien à te demander, rien à te promettre ni à te donner sinon cet instant d'éternité.
— Veux-tu que j'arrête l'orage et la démesure de la pluie ?
— Surtout pas ! Aime-moi dans cette folie.

Elle rit et avec lui, cette nuit-là, l'Emerveillée apprit la sexualité sacrée et son coeur parla aux étoiles, dans le regard ébloui de l'homme qu'elle aimait. Dans la fureur de cet amour et de leurs retrouvailles, ils ne virent par le fil d'or invisible, qui se dénouait de leurs chevilles et qui glissa sur l'Océan.

A l'aube, il la regardait dormir. C'était la première fois. Elle s'éveillait toujours si tôt, qu'il n'en avait jamais eu le loisir. Ils se connaissaient depuis des années et durant toutes ces années, ils n'avaient fait qu'approcher l'amour en passant par différentes phases entre passion, fuites et retrouvailles, et ce matin-là, en la regardant dormir, apaisée, il ressentit à quel point l'amour pouvait être doux dans sa turbulence.

Elle ouvrit les yeux, ses grands yeux ronds. Etait-ce lui ce compagnon promis ? Elle avait tellement essayé de lui échapper qu'elle était encore surprise de cette nuit, une nuit merveilleuse, une nuit émerveillée. Ils étaient comme deux enfants surpris, ignorants tout de ce qui allait se passer.

— Calliope, je ne veux pas d'autres bras que les tiens. C'est vrai, j'ai eu de nombreux amours, mais aucun comme le notre et je les ai tous quittés pour être juste à toi. Aujourd'hui je suis libre, comme tu me l'as demandé. Laisse-moi te convaincre de dessiner le chemin avec moi, permet-moi de bâtir ma vie près de toi.
— La nuit était si belle avec toi.

Elle ne dit rien d'autre que cela, elle se leva en

souriant et repris la route plusieurs heures, elle avait une promesse à honorer.

15

Elle avait promis au Fauconnier de revenir et elle n'était plus très loin de chez lui à présent. Déjà, elle pouvait apercevoir les hautes ramures de sa cabane. Elle réveilla alors le tout petit oiseau endormi dans sa chevelure.

— Va et dis-lui que je vais bien. Je vais dormir dans cette grotte cette nuit, je serai là demain.

L'oiseau s'envola. L'Emerveillée avait encore sur sa peau le parfum du Vent. Elle frissonna en songeant à la fusion sacrée qu'elle avait partagé avec lui. Puis elle s'enfonça dans la grotte pour s'y installer pour la nuit. Elle avait besoin, avant de retrouver le Fauconnier, d'un peu de temps sans le Sculpteur de Vent.

En cherchant un lieu où s'allonger, son pied cogna quelque chose, un pot qui, en se renversant, fit tomber une étoile à peine lumineuse. Une femme se précipita et remit l'étoile dans le pot et demanda à l'Emerveillée de partir.

— Pourquoi veux-tu que je parte ? Ta grotte est bien sombre, je ne suis pas certaine de retrouver le chemin vers la sortie. Me permets-tu de rester là, un peu avec toi s'il te plaît ?
— Je veux que tu t'en ailles ! Ton bonheur me fait mal, ta lumière m'aveugle !

La femme était sale et en guenilles, son corps était maigre et en souffrance. Elle se jeta sur Calliope pour la battre. Calliope lui attrapa les bras pour se protéger des griffures et elle serra fortement la femme dans ses bras en la berçant. La femme s'effondra alors en larmes et raconta.

Elle raconta qu'elle était une gardienne d'étoiles et que son pêcheur était mort. Anéantie par la souffrance, elle avait enfermé toutes les étoiles dans les pots pour qu'elles meurent elles aussi.

— Il y a en moi un chagrin insondable, une

blessure. J'attends les larmes, je n'en ai plus, je voudrais qu'elles sortent de moi tel un torrent pour me noyer.

Longtemps Calliope écouta le chagrin de la femme esseulée et longtemps, avec elle, elle partagea ses silences. Puis elle lui apprit ce que le Prieur lui avait enseigné, à se connecter à sa Lumière pour atteindre ceux que l'on aime.

La femme était épuisée, apeurée. Il fallut du temps mais, au coeur de la nuit, elle réussit à ressentir son pêcheur d'étoiles. Il lui apprit que la mort n'existait pas, qu'il était toujours là, près d'elle, juste dans un autre espace, pour une autre mission. Il la rassura en lui disant qu'ils allaient se retrouver.

Alors, en sanglots, la femme accepta de libérer les étoiles. Calliope et la gardienne endeuillée déposèrent sur le sable les centaines d'étoiles qui se gonflèrent de la lumière de la lune puis, à leur signal, toutes les étoiles gagnèrent le ciel et ce fut comme un nouveau soleil au coeur de la nuit. La gardienne endeuillée prit la main de l'Emerveillée.

— Merci pour ta lumière, merci pour la leçon. A

présent, il ne faut pas m'en vouloir, je vais devenir une étoile moi aussi, ma place est avec lui.

Et elle s'envola pour briller dans l'éternelle nuit…

16

Barbar et le Pêcheur d'étoiles voguaient, de nuit, sur leur barque quand le ciel s'illumina de façon spectaculaire.

— Que se passe-t-il ? Pourquoi le ciel vient-il de s'allumer de tant d'étoiles filantes montant vers les nuages ?
— Une gardienne vient de mourir, une femme vient de naître.

Le monde devint si brillant grâce aux étoiles supplémentaires, que les flots s'éclairèrent. Le Pêcheur d'étoiles aperçut alors un fil d'or presqu'invisible flotter à la surface. Il le récupéra et le fil, sous ses doigts devint visible. Il tira un peu pour le récupérer et le fil interminable se raccourcit entre ses mains. Quand la longueur lui sembla bonne, il l'attacha à une canne et le rejeta dans l'eau pour attraper les étoiles.

— Une femme vient de naître et elle est libre enfin. Ecris Barbar, écris. Tu as un long chemin à faire pour la retrouver. Je ne sais pas si cette vie va suffire.

*

L'Emerveillée poussa la porte de la cabane et le regard bleu océan du Fauconnier la submergea. Il se leva et la prit avec tendresse dans ses bras.

— Je t'avais dit que je reviendrai.
— Tu es tellement belle, si belle…
— Cybèle ?
— Tu t'en es souvenu ?
— Oui, je me souviens de tout. De tout ce que tu as fait pour moi, de tout ce que tu m'as donné, de cet amour immense dont tu m'as nourrie. Je me souviens de nos rires, de nos jeux. Je me souviens de nos envols, de tes pardons et je m'en veux tellement de ne pas pouvoir t'aimer autant. Tout serait si simple et si confortable.
— Tu ne m'aimes plus ?

— Oh si ! Je t'aime au-delà de ce que tu peux imaginer, je t'aime plus que ma vie, plus que moi-même parfois et c'est la raison pour laquelle je suis toujours là. Mais, à tes côtés, je ne ressens pas de joie. A tes côtés, je reste une petite fille qui ne grandit jamais. J'ai peur quand tu t'éloignes, j'ai peur quand tu n'es pas là. Je vis avec l'angoisse terrifiante qu'un jour tu meurs et que je doive vivre sans toi. A trop me couver, me protéger, tu as installé de l'insécurité en moi. J'ai tellement appris de ce voyage. Et je suis revenue parce que je te l'avais promis. Mais demain, je vais repartir. Je ne serai jamais loin de toi, je viendrai te voir souvent. Je ne pars pas pour un autre amour, je pars pour jouer ma musique.

— Ta musique ?

— Oui. Et toi, il est temps d'apprendre la tienne.

— Je n'ai pas de musique, c'est toi ma musique.

— C'est trop lourd de me demander cela. Aucun être ne peut jouer pour un autre, on ne peut jouer qu'ensemble et chacun son instrument.

— Alors s'il te plaît apprends-moi. Ne pars pas demain, reste encore un peu, réchauffe-moi de ta lumière, apprends-moi à réveiller ma musique. Donne-moi des ailes, je suis Fauconnier mais finalement, je ne sais ni voler, ni chanter, je sais juste faire des nids. Un jour, je t'ai demandé de partir, aujourd'hui je te demande de rester, mais j'accepterai ton choix, quel qu'il soit. Je ne demande qu'une chose : que tu sois heureuse car c'est cela qui m'est demandé dans cette vie, veiller sur toi.

— Je ne serai pas loin, je vais construire mon propre nid, seule, et je serai toujours là pour toi. Il est temps de commencer ton chemin, aie foi. A mon tour, je te donne une plume mon Fauconnier, pour que tu apprennes à voler sans moi.

Calliope embrassa son Fauconnier, elle tremblait de partir, mais elle s'envola quand même. Une fois le pas franchi, elle sourit, émerveillée de sa propre force et heureuse.

Demain, elle allait danser pour célébrer l'aube, pour célébrer sa liberté, son chant et sa voie.

Demain, et tous les autres matins, elle allait célébrer la danse de l'aube et elle n'en finirait pas de renaître, enfin.

Pendant ce temps, sur une plage, le Vent dansait et, dans une barque, au milieu de l'océan illuminé, Barbar écrivait, écrivait…

A suivre…

DU MÊME AUTEUR

ALBUMS ILLUSTRES

Fa'a'amu, le petit secret de la Nuit, Au vent des îles, 2004
Dans les yeux de Léna, Gecko, 2005
Chuuutt, Gecko, 2007
Marara, un amour de Plumes et d'eau, Balivernes, 2007
Le murmure des dieux, Balivernes, 2007
Donne-moi la lune, Auzou, 2007
Le poids d'un chagrin, Auzou, 2008
Les orangers de Tahiti, Balivernes, 2008
La Terre s'est enrhumée, Auzou, 2009
L'homme en carton, Auzou, 2010
Dessine-moi une maison, Auzou, 2011
Dessine-moi un clown, Auzou, 2011
Féérie du Printemps, Tournez la Page, 2012
Féérie de l'Hiver, Tournez la Page, 2012
Tissée de Vent, Mic-Mac, 2013
J'ai laissé mon âme au Vent, De la Martinière Jeunesse, 2013
Le sourire de la Nuit, De la Martinière Jeunesse, 2014
Le théâtre de Casse-Noisette, De la Martinière Jeunesse, 2014
Attends Miyuki, De la Martinière Jeunesse, 2016
Les belles histoires de princesses de l'antiquité, Hemma, 2016
Au lit Miyuki, De la Martinière Jeunesse, 2017

ECRITS SCIENTIFIQUES

De Hésiode à la pirogue de Maui, Haere Po, 2003
Guérison divine à Epidaure, Ecole des Loisirs, 2008

ROMANS

Couleur Tahiti, Aethilla, 2007
Le pêcheur d'étoiles. I. Barbar, Aethilla, 2014
Juste avant l'automne, Aethilla, 2015

AUTRES OUVRAGES

Agenda Bonheur. Mon année Bien-être, Mango, 2014
Malle à Bonheur, Mango, 2014
Méditation et pleine conscience., Hachette, 2015
Mon année rêveries, Agenda, Mango, 2015
Les énigmes des Borgia, Jeux et récits véridiques, Mango, 2015
Rêveries lunaires, Agenda, Mango, 2016
Tricot Zen, Mango, 2017
J'écris pour me connaître. Exercices ludiques d'écriture-thérapie pour prendre sa vie en main, Mango, 2017

Visiter le site de l'auteur :

www.roxanemariegalliez.com

www.facebook.com/rmgalliez

ISBN: 979-10-91485-09-8

Crédit Photo : Stocksnap.io/ Åse Bjøntegård Oftedal

Et vous, quelle est votre étoile ?

www.ingramcontent.com/pod-product-compliance
Lightning Source LLC
La Vergne TN
LVHW091100150826
845673LV00002B/666

* 9 7 9 1 0 9 1 4 8 5 0 9 8 *